José M. Ribamar Santos Martins

AIKIDO A ARTE DO SER

Ensinamentos do Mestre Martins

Pioneiro no Planalto Central

Organizadores:
Andrea Zimmermann – 1º Dan
João Henrique Gaeschlin Rêgo – 4º Dan
Ana Luiza Ribas Mariz – 2º Dan
José Marcelo de Souza – 1º Dan

Associação Mestre Martins de Aikido

Consciência

AIKIDO
A ARTE DO SER

Ensinamentos do Mestre Martins

JOSÉ M. RIBAMAR SANTOS MARTINS

Organizadores:

Andrea Zimmermann – 1º Dan

João Henrique Gaeschlin Rêgo – 4º Dan

Ana Luiza Ribas Mariz – 2º Dan

José Marcelo de Souza – 1º Dan

Pró Consciência®

Aikido: A Arte do Ser - Ensinamentos do Mestre Martins © 2024

Direção Editorial: Lívia Borges
Coordenador do Conselho Editorial: Marcos de Araújo
Revisão: Andrea Zimmermann | João henrique Gaeschlin Rêgo | Ana Luiza Ribas Mariz
Preparo e revisão final: Pró-Consciência
Diagramação e capa: Madalena Araújo | Madesigner
Fotos: As fotografias utilizadas no livro foram gentilmente cedidas por seus autores, a quem agradecemos.

Dados Internacionais de Catalogação na Publicação (CIP)
(Câmara Brasileira do Livro, SP, Brasil)

Martins, José M. Ribamar Santos
Aikido : a arte do ser : ensinamentos do mestre Martins / José M. Ribamar Santos Martins ; organizadores Andrea Zimmermann...[et al.]. -- Brasília, DF : Pró-Consciência, 2024.

Outros organizadores: João Henrique Gaeschlin Rêgo, Ana Luiza Ribas Mariz, José Marcelo de Souza.
ISBN 978-65-86485-24-0

1. Aikido 2. Artes marciais 3. Autoconhecimento I. Zimmermann, Andrea. II. Rêgo, João Henrique Gaeschlin. III. Mariz, Ana Luiza Ribas. IV. Souza, José Marcelo de. V. Título.

24-221392 CDD-796.8154

Índices para catálogo sistemático:

1. Aikidô : Artes marciais : Esportes 796.8154

Tábata Alves da Silva - Bibliotecária - CRB-8/9253

Editora Pró-Consciência: www.proconsciencia.com.br
Email: info@proconsciencia.com.br
@proconsciencia
Associação Mestre Martins de Aikido: www.ammaaikido.org
@aikido.amma

APRESENTAÇÃO

Era o segundo dia de um curso de Meditação Vipassana. Após o descanso do almoço, enquanto meditava, tive uma visão. Eu me vi folheando um livro de ensinamentos do Mestre sobre o Aikido. Pude ver claramente a capa que dizia: "Aikido: a Arte do Ser. Ensinamentos do Mestre Martins". Na contra capa, havia uma fotografia da Ana Luiza Ribas, do professor João Henrique Gaeschlin Rêgo e minha.

Inicialmente, pensei que tivesse adormecido, mas a memória de cada detalhe daquela experiência era vívida. Continuei com a lembrança clara daquele "sonho" e com uma forte conexão com o Mestre Martins. Os dias se passaram. O "sonho" não era esquecido, e sim constantemente lembrado.

Voltei aos treinos de Aikido. Contei ao professor João e à Ana Luiza. Ambos gostaram da ideia e sugeriram que eu conversasse com o Mestre. No dia seguinte, cheguei ao *Dojo* da ABA e ele já estava lá. Sentamos juntos. Atenta e silenciosamente, Sensei Martins ouviu cada palavra sobre o livro e me disse: "Essa ideia não é sua. Você foi um canal da vontade de O Sensei. Se é isso que temos que fazer, nós faremos".

Depois desse dia, Mestre Martins reuniu diversos textos de sua autoria, escreveu outros e nos incumbiu de organizá-los em formato de livro. Coube a mim sugerir a primeira versão, que foi lida a ele em seus últimos dias por seu filho.

Com a aprovação do Mestre, seguimos com o compromisso de compartilhar essa imensa sabedoria que une ser e espírito, Céu e Terra.

Que seus olhos sejam o canal de conexão do seu ser com os ensinamentos maravilhosos do Aikido.

Boa leitura!

Andrea Zimmermann
Faixa-preta – 1º Dan
Mestre em Desenvolvimento Sustentável
Facilitadora e Agente de Transformação

PREFÁCIO

Em uma determinada ocasião, um discípulo perguntou ao seu Mestre: qual é o real tempo de uma vida? E ele respondeu: a vida é tão breve como um raio na madrugada de chuva.

A arte de viver em conformidade com o Ser, segundo o meu pai amado, era o grande segredo da sua sabedoria. Apesar de suas dificuldades, nunca deixou de nos dar um sorriso e um consolo com seu olhar e com sua mesma fala. Ele dizia:

> O mundo só tem dois tipos de pessoas: os ocupados e os preocupados. Quem tem ocupação com a verdade e a consciência não se preocupa com que o mundo tem a lhe oferecer. Quem tem fé tem a certeza que elimina qualquer dúvida em qualquer ocasião de nossas vidas. A preocupação é a falta de fé. E, no caminho do Ser, vivemos como em uma aula inicial de Aikido, representando movimentos circulares da natureza, tal qual a Terra girando em torno do Sol. Os movimentos repetitivos que fazemos durante a aula têm por objetivo eliminar os desconfortos e a insegurança do nosso dia a dia.

A partir de agora, você, leitor, terá oportunidade e permissão de participar de nossos treinos e de receber o que já não chamo mais de aulas, e sim de ensinamentos transmitidos de forma tradicional pelos discípulos fiéis de meu pai, com diversas crenças, mas no fundo tão sintonizados como *Uke* e *Nage* numa apresentação.

Quero agradecer a Deus, ao nosso Mestre Ueshiba e a Meishu-Sama por ter a oportunidade de ser um discípulo e seguidor responsável pela divulgação da palavra e ensinamentos do Mestre José Maria Ribamar Santos Martins.

Nesta vida ele foi PAI, AMIGO e MESTRE, que não consigo ver distante. Ainda consigo escutar os seus assovios chegando em casa...

Por intermédio desta dedicatória, a família Martins manifesta a sua gratidão ao Mestre José Maria pelos ensinamentos de fé e pelo exemplo de como viver para a eternidade, pois somente podemos ser humildes e verdadeiros se compreendermos a verdadeira razão de uma vida.

José Luiz Laricchia Martins
Filho e Faixa-preta – 1º Dan
Cirurgião-dentista
Habilitado em práticas integrativas e complementares
à saúde bucal, nas áreas de hipnose e acupuntura

SUMÁRIO

Mestre Martins
com Sensei João

O Aikido é alquimia que revela o Ser, o tesouro oculto, num processo de purificação (***misogi***), que vai do corpo para o espírito.

INTRODUÇÃO

Nascido no interior do Maranhão, José Maria Ribamar Santos Martins saiu de casa para frequentar o Seminário. Em seguida, trocou a ordem religiosa para servir o Exército. Mudou-se para o Rio de Janeiro, para morar com parentes, onde trabalhou na Panair do Brasil e no Banco do Brasil.

Seu lado guerreiro fez com que se interessasse pelas artes marciais. Conheceu e aprendeu Judô com o professor Nakashima, tendo alcançado o 2º Dan. Entretanto, o seu caminho de maestria não seria trilhado no Judô, e sim no Aikido, arte marcial criada por Morihei Ueshiba, recém-chegada ao Brasil por intermédio de Teruo Nakatani.

Seu lado espiritual o lançou em uma grande busca por Deus: frequentou o Espiritismo, foi hipnólogo, cromoterapeuta, macrobiótico, estudou o Budismo, leu sobre Saint Germain e as religiões de matrizes africanas. Porém, encontrou o seu lugar na Igreja Messiânica Mundial do Brasil, onde, por meio dos ensinamentos de Meishu-Sama, descobriu que Deus está dentro de nós.

Carinhosa e respeitosamente tratado por seus alunos como "Mestre Martins", ele foi mais do que um professor de Aikido ou um Ministro da Igreja Messiânica Mundial do Brasil.

Nas aulas de Aikido que ministrava, os alunos viam-se orientados por um sacerdote e por um guerreiro a um só tempo. Eram as duas colunas mestras que sustentavam e animavam a sua personalidade.

Assim como o *Tao*, símbolo do *Tai Chi*, em que os dois aspectos distintos, *Yin* e *Yang*, se complementam para formar o todo, no *Dojo* da Arte Marcial Unificadora em Brasília, o religioso e o samurai tornam-se um só mestre para revelar a essência do Aikido.

Para o Mestre Martins, "o Aikido é transcendental", e as suas lições se aprendem treinando com ***determinação, dedicação, disciplina e desprendimento.*** São os seus famosos quatro "Ds"!

Segundo ele, a repetição exaustiva dos movimentos do Aikido possibilitaria a paulatina reunificação de corpo, mente e espírito por meio do

Ki, a Força que permeia e vivifica o universo. Nesse caminho, a evolução acontece do corpo para o espírito, do visível para o invisível.

Aos quatro "Ds" iniciais, indispensáveis àqueles que objetivam graduar-se no caminho do Aikido, Mestre Martins ensinou que outras três virtudes devem se somar necessariamente: ***fé, esperança* e *caridade***. Para aqueles que se tornam faixas-pretas na Arte de Morihei Ueshiba, nasce um sacerdócio para o qual estas virtudes são esteios.

Essas então são as sete virtudes que correspondem às sete dobras do *hakama*, a vestimenta que os faixas-pretas usam sobre o *dogi*. Mestre Martins deixava claro que o Aikido é alquimia que revela o Ser, o tesouro oculto, num processo de purificação (*misogi*), que vai do corpo para o espírito.

Ele também oferecia, em suas palestras memoráveis, àqueles que "estavam na faixa", como costumava dizer, a evolução que segue o caminho do espírito para o corpo. O *Johrei*[1] era a outra prática de *misogi* praticada pelo Mestre. Ele dedicava a mesma energia e entusiasmo a essa vertente da purificação e alquimia do Ser como sacerdote messiânico.

O sacerdote espiritualista e o guerreiro ombreavam. Os dois caminhos se entrecruzavam tanto no comando dos treinos do *Budô*, que tanto amava, como nas palestras ou entrevistas que fazia com seus alunos na Igreja Messiânica, onde era Ministro. O *Ki*, a essência do Aikido, e a partícula divina que constitui o nosso verdadeiro Eu eram objetos de suas explanações apaixonadas.

Seus dois mestres foram O-Sensei Morihei Ueshiba (1883-1969), o Fundador do Aikido, e Mokiti Okada (1882-1955), chamado Meishu-Sama, o Fundador da Igreja Messiânica Mundial.

Como um lutador pode ser um sacerdote? Como um religioso pode falar do *Budô*? Como podemos ir do conflito à iluminação?

No *Dojô*, o objetivo do Mestre Martins era o desenvolvimento integral do ser humano, a unificação de corpo, mente e espírito, o abandono do Ter, do ego competitivo e o retorno ao equilíbrio do Ser por meio da purificação do Aikido.

O objetivo do Mestre Martins era, assim, manter-se fiel aos ensinamentos originais de O-Sensei Ueshiba, que dizia ser o objetivo do treino em seu *Budô* a unificação do Divino e do humano (UESHIBA, 2010 p. 163)

"Aikido é transcendental!" Assim ensinava Mestre Martins. O aspecto transcendental do Aikido era o coração dos seus ensinamentos. Ele

---

1 *Johrei* é um método de canalização de energia espiritual (luz divina), para purificação do espírito, capaz de transformar a desarmonia espiritual e material em harmonia. Fonte: http://www.messianica.org.br/colunas-da-salvacao/johrei

lembrava sempre que o próprio O-Sensei Ueshiba – o Fundador – declarara que não "inventara o Aikido"; que sua arte era, na verdade, um presente de Kami, de Deus.

Sendo O-Sensei o veículo pelo qual o Aikido foi entregue à humanidade, e tendo o Mestre Martins dedicado sua vida a essa Arte, faz-se necessário apresentar ao leitor, nesta introdução, um pouco da vida singular do Fundador, já que o autor e a obra são, na verdade, uma só manifestação.

HISTÓRIA DE MOHIREI UESHIBA

Nasceu no dia 14 de dezembro de 1883 na cidade de Tanabe-Japão, em uma família de camponeses. Percorreu todo o Japão, como um samurai errante atrás da iluminação. Enfrentou o frio extremo do Norte de seu país, região de Shirataki, localizada na então inóspita ilha de Hokkaido. Estudou várias escolas de artes marciais durante a sua vida até a formação definitiva do Aikido. Por outro lado, mergulhou no vazio do misticismo oriental, tendo se aprofundado em várias práticas ascéticas.

O segundo Doshu[2] descreve desta maneira o momento da iluminação de seu pai (UESHIBA, 2011, p.181-182):

> *Ele saiu do* dojo *e calmamente lavou o suor numa fonte próxima. Então, enquanto voltava através do jardim, bem ao lado de um velho caquizeiro, de repente seu corpo todo pareceu se congelar no lugar – ele não conseguia dar nem um passo, permanecendo de pé, como uma estátua, sem absolutamente qualquer pensamento ou sensação. O chão começou a tremer e ele viu milhares de raios dourados deslumbrantes caindo do céu. Uma luz gloriosa e celestial jorrou e encheu o ar. Então ele sentiu um* Ki *suave e dourado subindo do chão e o envolvendo.*

Assim como *Yin* e *Yang*, na vida do Fundador do Aikido, também dois mestres destacaram-se na manifestação do Aikido: Sokako Takeda e Onisaburo Deguchi. O primeiro lhe ensinou o caminho marcial do Daito Ryu *Aiki* Jujutsu; o segundo, o caminho religioso da Oomoto Kyu. Ambos foram fundamentais para a manifestação do Aikido.

---

2 *Doshu* é o título hereditário daquele que representa a maior autoridade na hierarquia do Aikido. Significa o mestre do caminho, aquele que é o mestre dos mestres.

Em Morihei Ueshiba se via que a dedicação aos treinos vigorosos era a mesma diante do altar. O guerreiro e o religioso conviviam em harmonia, não como opostos, mas como colunas necessárias do desenvolvimento integral do homem.

> *O treino do Fundador nunca acabava quando ele simplesmente deixava o* dojo. *Continuava durante todo o tempo. O treinamento mais importante acontecia antes de ele entrar no* dojo *e depois que saía, quando praticava o* misogi, *um exercício para purificar a mente e o corpo. Isto era o que ele fazia: antes da prática, recompunha-se diante do* kamiza, *ou santuário, no* dojo *ou numa sala privada, para se aquietar e coletar seu* ki *e preparar-se para a emissão do fluxo de energia. Depois da prática, sentava-se novamente diante do* kamiza *para recolher e renovar sua energia. Para manter um fluxo ininterrupto de ki, ele entrava num estado de meditação. Esse treino interior e espiritual tornava manifestas as verdadeiras características da devoção e autodisciplina do Fundador. (UESHIBA, 2011, p. 32).*

Por um lado, Ueshiba deixava claro aos seus alunos que não se podiam olvidar os aspectos tradicionais de treinamento do *Budô*, onde o *shugyo*, a prática exigente, paciente e perseverante, é indispensável para o progresso verdadeiro: "**O progresso virá com a prática constante. Não procure por ensinamentos secretos que não levarão a nada. Confie nas experiências próprias.**" Da mesma forma, mostrava que, sem a dedicação ao estudo interior, voltado ao conhecimento das forças sutis que compõem a Grande Natureza, também não haveria avanço:

> *Não podemos entender o Aikido sem que estudemos o essencial: o espírito do Aikido. O objeto desse estudo é criar uma pessoa que seja sincera e gentil, que tenha a verdade no coração. As técnicas físicas existem no Aikido como disciplina. Se colocarmos de lado o espírito e praticarmos somente as técnicas físicas, não importa o quanto as pratiquemos, elas não nos conduzirão ao entendimento do coração do Aikido e, por conseguinte, não nos levará a executar a verdadeira técnica. Somente a prática das técnicas, pura e simples, não nos leva a lugar nenhum. (PERRY, 1987, p.146).*

O LIVRO

A obra que o leitor tem em mãos traduz o espírito do Aikido pelo olhar, de experiência e sabedoria, do Mestre Martins. Os organizadores tiveram o cuidado de manter a fidelidade de seus ensinamentos, incluindo o seu modo franco e simples de se expressar. Por esse motivo, em alguns momentos, a narrativa ocorrerá na terceira pessoa do singular; em outros, na primeira pessoa do singular ou do plural; e, por vezes, o Mestre trará orientações diretas para a prática de quem deseja se desenvolver no caminho do autoconhecimento e do Aikido.

O primeiro capítulo traz um regaste histórico do início do Aikido no Brasil, destacando as suas primeiras vivências no Rio de Janeiro e depois em Brasília.

No segundo capítulo, Mestre Martins se dedica a explicar o Aikido como uma arte de unificação do ser humano consigo mesmo, com ensinamentos para uma vida mais harmônica e plena.

No terceiro capítulo, dedica-se ao Aikido na sua perspectiva mais "transcendental", como arte de viver e gerar harmonia.

Destaca-se também que o livro foi concebido para possibilitar leituras individualizadas dos ensinamentos do Mestre Martins. Além disso, o Mestre tinha uma característica, muito presente no Aikido, de trazer os aprendizados de forma circular, como se fosse uma espiral de conhecimentos. Deste modo, há alguns trechos que o Mestre enfatiza e complementa aspectos já mencionados em outras seções do livro.

Primeiros treinos
de Aikido de Brasília
Mestre Martins com
Ruy Mattos (1972)

Mestre Martins
no Dojo da ABA

1.
DO INÍCIO DO AIKIDO NO BRASIL À CHEGADA EM BRASÍLIA

O COMEÇO DE UMA SAGA[3]

Coube a um jovem japonês de 28 anos, de nome Teruo Nakatani (1932-2022), nascido em 1932, na pequena cidade de Uryu, ao norte de Tokyo, a árdua missão de introduzir o Aikido no Brasil. Sua cidade natal era pequena, e a maioria dos habitantes se dedicava à agricultura. A caça, antigo meio de sobrevivência dos moradores, já tinha se tornada escassa.

Como muitos dos adolescentes da época, começou a treinar judô com 16 anos, quando cursava o científico na cidade de Asahikawa (sede do 7º batalhão japonês até 1944). Também teve contato com o Kendo, contudo, essa arte era proibida, e os treinos ocorriam de forma secreta. (A prática do Kendo foi liberada oficialmente em 1952.)

Continuou treinando judô durante o primeiro ano da faculdade de administração de empresas em Tóquio. Todavia, quando praticava alpinismo, esporte a que se dedicou durante vários anos, machucou o ombro esquerdo, durante a subida de uma montanha, em um sério acidente que por pouco não o fez despencar de uma grande altura. (Sensei Nakatani escalou várias montanhas e montes, como o Tanigawa Dake, de 1.977 metros, localizado na prefeitura de Gunma. É uma das 100 mais famosas montanhas do Japão.)

Impossibilitado de continuar treinando Judô, Sensei Nakatani buscou conhecer outras artes marciais que não exigissem tanto esforço do seu ombro lesionado. Primeiro, treinou karatê, praticando-o por alguns meses, e, depois, conheceu o Aikido.

O encontro com o Aikido não foi algo premeditado. Sensei Nakatani não buscava uma nova arte marcial. Pelo contrário, sua procura tinha outro foco: o estudo das religiões e a sua influência sobre a população.

3 Entrevista concedida pelo Sensei Nakatani, ao professor João Henrique Gaeschlin Rêgo, em 2012.

Como tudo que se propunha a fazer, dedicou-se de corpo e alma a sua empreitada. Praticou o Zen Budismo durante vários anos; acompanhou um pastor protestante durante um ano em suas pregações pelo Japão; e, quando teve notícias de um japonês que criara um grupo para estudar um novo método de yoga, não teve dúvidas de ir conhecê-lo.

Esse grupo de estudiosos, quase 200 pessoas, reunia-se em um templo em Tóquio e estava elaborando o que seria conhecido no Ocidente como a Yoga Japonesa. O homem que conduzia os estudos era Tempu Nakamura. Dentre os seus alunos, podíamos encontrar diversos praticantes de Aikido, como Koichi Tohei e Tada (atualmente o Sensei mais graduado do Hombu *Dojo*, 9° Dan). Foi este último que convidou Sensei Nakatani para conhecer as aulas de Aikido no Hombu *Dojo*.

Sensei Nakatani começou a treinar Aikido no final do ano, quando as temperaturas são muito baixas em Tóquio. Iniciou os seus treinos na turma da noite, com o Sensei Koichi Tohei, mas logo soube que o Fundador pessoalmente ministrava as aulas da manhã, que se iniciavam às 6h30, então mudou de horário, apesar do intenso frio que o fazia tremer durante as palestras de O-Sensei. No transcorrer de 1 hora de treino, O-Sensei frequentemente enfatizava o lado espiritual do Aikido, explicando, por quase 30 minutos, vários temas transcendentais, como a prática do *kototama*, da meditação, a importância da respiração e, acima de tudo, que *Aiki* é amor. É o amor incondicional que a todos envolve. É o amor para com todas as criaturas do universo.

Durante um ano e meio, Sensei Nakatani frequentou as aulas ministradas pelo Fundador do Aikido. Depois, o seu filho *Ki*shomaru Ueshiba o sucedeu na direção dos treinos da manhã. Os principais alunos de O-Sensei conduziam as demais aulas no Hombu *Dojo*. Dentre eles estavam Koichi Tohei, Hiroshi Tada, Osawa, Tamura, Arikawa, Noro, Yasuo Kobayashi.

Depois de 1 ano e meio, treinando 6 vezes por semana, Sensei Nakatani já estava apto a receber a sua graduação de *shodan*, mas, como não ligava para promoções de faixa, adiou o seu exame por 1 ano. No final do seu segundo ano de treinamento, recebeu o seu Certificado de *shodan* com o carimbo oficial do Mestre Ueshiba. O seu segundo exame também foi realizado na sede do Hombu *Dojo* no mesmo ano.

OS TREINOS DE AIKIDO[4]

Durante o curso de administração de empresas, na Universidade Meiji, onde se especializou em história das empresas, o então graduando Teruo Nakatani teve contato com diversos professores tidos por ele como de "esquerda", por apresentarem uma nova visão das relações de emprego no Japão, dando ênfase ao lado social. Acabou filiando-se ao Partido Social Japonês.

Após se graduar, Teruo Nakatani foi trabalhar em uma fábrica de plástico, que, durante a II Guerra Mundial, fabricou medidores de torpedos, tendo como seu chefe imediato um antigo coronel. Como a sua categoria não possuía um sindicato para defender os direitos dos 500 trabalhadores que ali laboravam, resolveu fundá-lo, juntamente com mais três amigos. Isso o levou imediatamente para a lista negra dos empresários. Foi demitido, e não possuía esperanças de conseguir encontrar um trabalho em sua pátria.

No período em que ficou sem trabalhar, passou a treinar Aikido com mais afinco todos os dias, 6 horas por dia, inclusive, no período da tarde, com os Uchideshi. *Ki*shomaru Ueshiba, filho do Fundador, o autorizou a frequentar essas aulas especiais quando soube da sua pretensão de se mudar para o Brasil. Os treinos eram no antigo *dojo*, pequeno comparado ao atual, pois tinha 80 tatames e ficava numa casa de madeira.

As recordações daquele tempo ficaram arraigadas na memória do Sensei Nakatani. Como um filme que se passa em sua mente, ela ainda vê o Sensei *Ki*shomaru comandar os exames de faixa. Fala que o aquecimento para as práticas era curto, praticamente uns 5 minutos. Mas o que não lhe sai da cabeça são as aulas que teve com O-Sensei. Elas eram sempre pela manhã, na primeira aula. Ele tinha como auxiliar o Sensei Tamura, que tentava explicar para o Tai Jitsu os movimentos com armas que o Fundador executava. As aulas eram sempre diferentes, mas o Mestre Ueshiba sempre enfatizava o ASPECTO FILOSÓFICO DO AIKIDO. Era comum ele dizer: "*Aiki* é amor; é a união de todos os seres com o universo. Precisamos nos unir com o Grande Universo". E, acima de tudo, repetia a seguinte frase: "**O seu verdadeiro inimigo é você mesmo**".

4 Entrevista concedida pelo Sensei Nakatani, ao professor João Henrique Gaeschlin Rêgo, em 2012.

A DESPEDIDA DO JAPÃO[5]

Na verdade, a opção de se mudar para o Brasil apareceu por acaso na vida do Sensei Nakatani. Um amigo de treino chamado Saito sempre lhe falava das oportunidades que existiam no Brasil, principalmente para jovens que gostassem de trabalhar. Como tudo o que fazia, a preparação para a sua viagem foi longa, durou quase 1 ano. Nesse ínterim, recebeu muito apoio dos Senseis *Ki*shomaru e Tohei. Eles o viam como um excelente representante do Aikido no Brasil. Nesse tempo, o Aikido estava se expandindo para diversos países, como Estados Unidos, Itália, França, e seria muito interessante se a América do Sul fosse contemplada com a introdução dessa nova arte marcial.

A CHEGADA AO BRASIL[6]

A viagem durou aproximadamente 60 dias. Houve diversas paradas, como em Hong Kong, Singapura, Moçambique, Burban, Rio de Janeiro e, por último, em Santos. O navio de carga holandês Boisssevain não possuía muito conforto em suas acomodações, mas as recordações da viagem são muito boas.

Permaneceu no Estado de São Paulo por 3 meses, familiarizando-se com os hábitos da população. Não demorou muito e seguiu o seu instinto aventureiro.

AIKIDO NO RIO DE JANEIRO [7]

Transcorria o ano de 1965. Na Praça da Bandeira, na cidade do Rio de Janeiro, situava-se a Associação dos Faixas-Pretas de Judô, que, diariamente, diversos praticantes frequentavam sob a orientação do Sensei Nagashima.

Aos sábados, tínhamos o treinamento de *Nague No Kata* e *Katame No Kata*, para os faixas-marrons e pretas. A finalidade desse treinamento era preparar os faixas-marrons para exame ao 1º Dan.

---

5 Entrevista concedida pelo Sensei Nakatani, ao professor João Henrique Gaeschlin Rêgo, em 2012.

6 Entrevista concedida pelo Sensei Nakatani, ao professor João Henrique Gaeschlin Rêgo, em 2012.

7 Relatado pelo próprio Mestre Martins.

Certa vez, em um desses treinos que começava com *handori* e terminava com o *shiai*, fomos obrigados a tomar uma atitude que nos pareceu violenta e nos deixou deprimidos. O fato assim transcorreu:

Terminado o que foi o treino de *Katame No Kata* e *Nage No Kata*, deu-se início ao *handori*. Meu parceiro de treino era um faixa-verde que por lá aparecera e pedira para treinar. Seu perfil era louro, alto e forte. Era desses irreverentes que, em função do seu porte físico, não respeitam os mais graduados. Começamos o treino. A violência com que ele entrava, ao querer aplicar o *hanegoshi*, era de chamar-lhe a atenção. Assim o fizemos. Dissemos a ele que no *handori* não precisava daquilo. Ele olhou-nos assim como quem diz interiormente: "está com medo". Senti o que nos parecia ser uma virtual provocação. Continuamos o treinamento. Agora, para desfazer aquela ideia que parecia ter saído de sua mente para a nossa.

Aceitei a provocação, incitando-o a continuar daquela maneira. Em uma de suas entradas fortes, que chegava a atingir as raias da irreverência, resistimos um pouco e entramos com um *hani makikomi*. Giramos ambos no ar e caímos, eu sobre seu peito, de corpo inteiro direto sobre seu tórax, sem colocar o braço para amparar o choque. O companheiro perdeu o fôlego no chão. Ao levantarmos, disse a ele que nossa atitude tinha sido proposital, pois deveria ter respeito ao treinar com um faixa-preta.

O rapaz engoliu em seco. Baixou a cabeça e não falou nada. Seu modo de proceder foi o suficiente para nos arrasar. A atitude violenta que tomamos ficou cantarolando em nossa mente, fazendo-nos sentir que o Judô para nós estava terminado. Não era aquilo que queríamos. Passamos a pensar que poderia haver uma arte marcial em que se pudesse tomar faca, revólver ou mesmo imobilizar uma pessoa sem necessidade de violência.

Após o treino, nessa mesma academia, em conversa com um colega, expondo nosso pensamento de poder existir uma luta virtualmente sem violência, o colega nos falou: "O que vocês querem existe aqui na Praça Nossa Senhora da Paz, em Ipanema, na Academia do Medhi". Na Academia do Medhi, encontramos o Sensei Teruo Nakatani dando aula. Logo pedimos ao Almeida, o responsável por nossa academia, que o contratasse para dar aula na Associação dos Faixas-Pretas.

Foi feito o contato, e o Sensei Nakatani aceitou nos dar aula, das 21h às 22h, duas vezes por semana. Assim, passamos a ter aulas às terças e quintas-feiras. O Sensei Nakatani dava aula na terça-feira, e Guru, Osvaldo Simon, que à época já era faixa-marrom, dava aula às quintas.

Osvaldo Simon, o Guru, era arquiteto, campeão carioca, peso médio de Judô, e foi o primeiro e, à época, o mais dedicado dos faixas-pretas do Sensei Nakatani. Guru absorveu do Nakatani não só a postura descontraída e ágil, mas também sua unificação com o universo, fazendo transparecer a força do *Ki* de maneira impressionante.

Uma particularidade sobre as dificuldades iniciais do início do Aikido: o Guru não tinha carro e morava no Leblon. Para que pudesse nos dar aula, eu ia buscá-lo toda quinta-feira. Saindo da 1º de Março, ia apanhá-lo no Leblon, na Zona Sul, e o levava para a Praça da Bandeira na Zona Norte. Fazia aula, das 21h às 22h, juntamente com mais dez alunos que consegui arrebanhar no Banco do Brasil e na nossa Academia. Após a aula, levava-o de volta, mesmo porque também eu também morava no Leblon.

O Aikido começou no Brasil em outubro de 1961, na Associação dos Servidores, onde ficava o hospital do Ipase, em um *Dojo* emprestado do Sensei Másimo Ogino. Depois, George Kastriot Medhi convidou Sensei Nakatani para dar aulas em sua academia em Ipanema, e, em 1965, deu início aos treinos na Associação dos Faixas-Pretas, na Praça da Bandeira, Rua Sutero dos Reis nº 16, sobreloja, com dez alunos.

A turma na Praça da Bandeira acabou por desistência dos alunos que passaram no vestibular. Continuamos e seguimos os treinos com o Guru, na Academia do Brito, em Ipanema. Alguns meses depois, Sensei Nakatani inaugurou sua academia na Barata Ribeiro nº 810, que, mais tarde, tornou-se a Associação Carioca de Aikido. Lá, continuamos nosso aprendizado.

Por minha dedicação e assiduidade às aulas, fui nomeado pelo Sensei Nakatani como o responsável pela abertura da academia diariamente às 6h da manhã. Muitas vezes, com pesar, tive que acordar o Sakai[8], que chegara recentemente do Japão – entrou no Brasil, como agricultor, por Belém do Pará, e foi para o Rio de Janeiro; como não conhecia ninguém e nem tinha para onde ir, Sensei Nakatani o acolhera, deixando-o fazer da academia sua residência.

Antes da aula de Aikido, que começava às 7h, nós e o Sakai aprendíamos massagem *Shiatsu* com Sensei Nakatani. A aula de *Shiatsu* iniciava com o Sensei Nakatani mostrando os pontos. Em seguida, nós exercitávamos em suas costas e, depois, treinávamos com o Sakai, um fazendo aplicação no outro.

---

8 Sakai é o nome de um jovem japonês recém chegado ao Brasil. Como ele não tinha condições de pagar uma hospedaria, Sensei Nakatani o deixou dormir sobre os tatames do Dojo. Com o passar dos tempos, ele se tornou um famoso profissional de Shiatsu. Mestre Martins nos contava, que o Sakai gostava de ensinar Shiatsu aos praticantes de Aikido.

Um fato memorável foi quando, em uma troca de *Shiatsu* com o Sakai, ficamos uns três dias como se estivéssemos empenados, com o "pescoço duro".

As aulas na academia da Barata Ribeiro não tinham muitos alunos, mas ocorriam todos os dias, regularmente, pela manhã e à noite.

É de lembrar-se um acontecimento marcante no Aikido ocorrido em 1966. Sensei Nakatani, bem como o Aikido, ainda muito pouco conhecido no Rio de Janeiro, fora convidado pelo Jornal dos Esportes para participar de um Festival de Artes Marciais promovido por aquele Jornal em um sábado. O local foi o Clube Guanabara, em Botafogo, na entrada do Túnel Rebolsas.

O Festival teve início às 10 horas da manhã e para ele foram convidadas todas as artes marciais do Rio de Janeiro, tais como: Judô, Jiujitsu, Karatê, Capoeira, luta Greco-Romana e muitas outras. Não sei precisar quantas academias apareceram. O evento não teve interrupção nem para almoço. Era ato contínuo a apresentação das academias. O Aikido, por ser a menos conhecida, foi colocado em último lugar para apresentação, no encerramento.

Às 17 horas, o pessoal já estava cansado de tanta apresentação de artes marciais. O Aikido foi chamado pelo alto-falante. Éramos apenas oito participantes, enquanto as outras academias se apresentaram com cerca de 30 a 40 alunos. A equipe do Sensei Nakatani estava composta por cinco faixas-pretas 1° Dan, um faixa-marrom e dois faixas-roxas. Todos trajando *Hakama*, adentramos o *Dojo* (apesar de não sermos todos faixas-pretas, tivemos a permissão de usar *Hakama* naquela demonstração). Fizemos o cumprimento de praxe e se iniciou a ginástica de aquecimento, sem qualquer explicação sobre o que era o Aikido.

Quando começamos a fazer o *Kaiten*, a plateia começou a assobiar a valsa Danúbio Azul. Acompanhado do assobio musical, surgiam da grande arquibancada circular as aclamações, de um lado e outro, da plateia: "Bicha! Bicha! Bicha! Bicha![9]". Aquela estranha saudação não nos impressionou e nem, tampouco, ao Nakatani. Fizemos as demonstrações individuais. Em seguida, foi a demonstração do Nakatani contra quatro faixas-pretas que, diga-se de passagem, eram pesos pesados e meio-pesados de Judô, alguns campeões cariocas da modalidade, pela Academia do George Kastriot Mehdi, a que mais formava campeões nessa época.

Iniciado o ataque, os quatro voaram em bloco sobre Nakatani e só se via gente voando e caindo. Um silêncio sepulcral dominou a plateia, que

9 Termo abolido atualmente, mas usado à época em tom de brincadeira e colocado aqui apenas para relatar o fato, sem nenhuma conotação pejorativa.

não queria perder um só lance da atividade dinâmica que estava sendo apresentada naquele momento por Sensei Nakatani. Terminou a demonstração. A plateia aplaudiu de pé em altos brados pedindo "BIS". A gritaria era ensurdecedora, continuando a pedir "BIS". Nakatani não teve outro jeito a não ser ceder aos insistentes apelos de pedido de "BIS". Repetiu a demonstração, que, novamente, foi aplaudida de pé. Foi a única reapresentação do Sensei Nakatani.

Naquele tempo, aos domingos, treinávamos Judô recreativamente com alguns colegas na Associação Atlética do Banco do Brasil (AABB). Lá, havia um professor de educação física que assistia aos nossos treinos e a quem sempre falávamos sobre o Aikido. Ele estava naquela demonstração do Festival no Clube Guanabara e, ao término da mesma, desceu da arquibancada e veio falar conosco dizendo: "Essa é a luta que eu pensava que poderia existir e que realmente existe". Parabenizou-nos pela apresentação. No dia seguinte, 50 pessoas se inscreveram nas aulas de Aikido da academia da Rua Barata Ribeiro nº 810, em Copacabana. Até a turma dos Gracies lá apareceu.

Outro episódio marcante, que merece ser lembrado, foi o fechamento da academia por liminar judicial levada a efeito pela Federação Brasileira de Pugilismo. À época, o presidente da Federação Brasileira de Pugilismo era o Boa Morte. Seu verdadeiro nome não conheço. Ele era um dos praticantes assíduos do Boxe à época. Seu porte físico sobressai-se como um negro forte de quase dois metros de altura, muito gentil. Boa Morte visitou-nos certo dia para nos obrigar à filiação à Federação Brasileira de Pugilismo. Sensei Nakatani não aceitou. A Federação de Pugilismo entrou na Justiça e conseguiu liminar para fechar nossa academia. Assim, em um determinado dia, ao chegar às 6 horas da manhã para abrir a academia, deparamo-nos com a porta lacrada por ordem judicial. A academia ficou fechada por três dias.

Nesse ínterim, para provar que o Aikido não era pugilismo, Sensei Nakatani foi convocado pelo Ministério da Educação para submeter-se a uma prova. Sensei Nakatani foi examinado por uma comissão cuja composição desconheço. Todavia, após o exame, ficou provado que o Aikido não era pugilismo e que fazia parte da educação cultural do praticante individualmente. O Ministério da Educação outorgou ao Sensei Nakatani uma carteirinha com a licença para continuar ensinando o Aikido. A liminar foi suspensa, e a academia foi reaberta. O Aikido continuou sua trajetória vitoriosa.

Sensei Nakatani ladeado pelo Amirante Paraguaçu e Sensei Martins

AIKIDO EM BRASÍLIA[10]

O Aikido chegou à Capital do País no ano de 1972. Em fevereiro desse ano, mudei-me para Brasília para assumir uma nova função no trabalho, por ocasião da transferência da direção geral do Banco do Brasil, do Rio de Janeiro para Brasília.

Sob a supervisão do Sensei Nakatani, iniciei as atividades de implantação e difusão do Aikido no Distrito Federal, oficialmente, em maio de 1972. Nosso *dojo* inicial foi o gramado, sob as sombras dos eucaliptos da AABB (Associação Atlética Banco do Brasil). Seus primeiros alunos foram Nilson Ruyz Sanchez (*in memoriam*) e Ruy de Alencar Mattos.

Vídeo histórico do Aikido brasileiro
Sensei Teruo Nakatani e Martins Sensei

A PRIMEIRA AULA DE AIKIDO EM BRASÍLIA

Era uma terça-feira, no início do mês de maio do ano de 1972. Marcamos encontro na AABB com o Nilson para nossa primeira aula de Aikido. Procuramos um local para adotar como *dojo*. Escolhemos uma parte do gramado menos acidentada, na sombra dos eucaliptos. Ali era justamente o local preferido aos domingos pelo pessoal que gostava de tomar cerveja.

10 Relatado pelo Mestre Martins

Por isso, tivemos que recolher as tampinhas de cerveja que se espalhavam pelo gramado para preparar o local para o treino.

Iniciamos a primeira aula, que foi assistida casualmente pelo Ruy de Alencar Matos, que ali fora fazer sua ginástica. Ao término da aula, o Ruy, que ficara nos observando, interessou-se por fazer parte do nosso grupo. Assim, na quinta-feira seguinte, a segunda aula começou com três participantes: eu, Nilson e Ruy.

Em setembro do mesmo ano, eu, que também fora professor de Judô, faixa-preta *shodan*, no Rio de Janeiro, e diretor de Judô, durante vários anos, na AABB do Rio de Janeiro, fui convidado a implantar o Judô para crianças na AABB-DF. Aproveitei a oportunidade para ensinar Aikido também.

Assim, em setembro de 1972, a primeira escola de Aikido em Brasília passou do "*Dojo* Gramado" para um *Dojo* de dez tatames na AABB-DF. Com o êxito dos trabalhos, o *dojo* foi aumentado para 40 e chegou, depois, a 120 tatames. Este *dojo* foi inaugurado com a aula do Sensei Teruo Nakatani, que, três vezes por ano, passara a vir a Brasília dar aula e examinar os alunos, conferindo-lhes o grau promocional relativo às faixas. Nessa época, o número de praticantes aumentara sensivelmente, e entre eles, além dos que iniciaram, Ruy e Nilson, destacavam-se: Roberto Crema, José Fernando Santos, Antônio Costa Tibery, José Ribamar Nunes, Carlos Lúcio Menezes, José Carlos Menezes, dentre outros.

Em 1975, o Sensei Nakatani, em função de suas atividades empresariais, sentindo-se impossibilitado de continuar dando assistência aos seus alunos, a pedido destes, trouxe do Japão o professor Ichitami Shikanai. Em 1976, Shikanai Sensei firmou-se definitivamente no Brasil. Inicialmente, situou-se em Niterói, no Rio de Janeiro. Mais tarde, transferiu-se para Belo Horizonte, onde fixou residência definitiva e de onde passou a centralizar o Aikido trazido por Nakatani do Japão para o Rio de Janeiro, em 1960, e para o Planalto Central, em 1972.

Com a chegada do Shikanai Sensei ao Brasil para continuar a função do Sensei Nakatani, a árvore genealógica do Aikido, plantada pelo Sensei Nakatani, já contava com as seguintes sementes, os primeiros faixas-pretas do Rio de Janeiro, pela ordem: Osvaldo Simon (Guru), Carlos Infante, Mark Berler, Eduardo Adler, Luiz Augusto Paraguaçu, Otávio Olive, Pedro Gavião, José Maria Ribamar Santos Martins, George Prettyman e Adélio Mendes de Andrade.

Ao assumir as funções de substituto de Sensei Nakatani no Planalto Central, Brasília-DF, Shikanai Sensei encontrou a escola do Nakatani Sensei já com vários graduados sob a minha direção e orientação, seu discípulo Martins. Entre os mais graduados, encontravam-se Antônio Tibery Costa, na faixa-marrom, e José Fernando Santos, na faixa-roxa. Estes, já sob a supervisão e orientação do Shikanai Sensei, foram os primeiros faixas-pretas formados no Planalto Central.

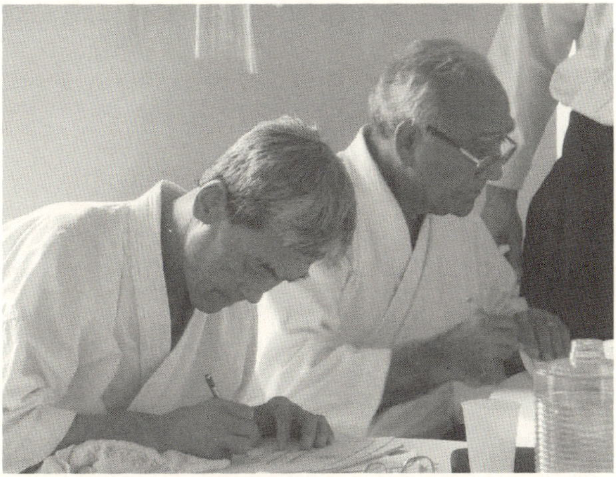

Shikanai Sensei e Mestre Martins assinando certificados de novos graduados

Mestre Martins, Mestre Nakatani e Mestre Santos na entrega de 6ºDan a Mestre Martins

(Fonte: http://aikidoitn.blogspot.com/p/teruo-nakatani.html)

O Aikido é a arte de unificação do ser humano consigo mesmo e, por conseguinte, com o Grande Universo. Morihei Ueshiba concebeu o Aikido como a arte de não lutar, na qual a luta termina antes mesmo de começar.

2.

AIKIDO E A UNIFICAÇÃO DO SER

Segundo a filosofia do Fundador, o Grande Mestre Morihei Ueshiba, o Aikido é a arte de unificação do ser humano consigo mesmo e, por conseguinte, com o Grande Universo. Ele concebeu o Aikido como a arte de não lutar, na qual a luta termina antes mesmo de começar. A essência de sua filosofia repousa na conscientização do ser humano de que ele é o centro do Universo. Assim, unificado com este, o homem alcança a capacidade de conduzir a força daqueles que, individualmente, se voltem contra ele, sem contrariá-los.

O Grande Universo é vivo e respira. A cada respiração do Grande Universo, morrem milhões de pessoas e nascem milhões de pessoas. Essas pessoas representam células infinitesimais do Grande Universo. O ser humano também é um universo microscópico dentro do Grande Universo. O universo do homem também é composto de milhares de vidas ultramicroscópicas denominadas células. E a vida da célula que compõe o universo do homem é proporcionalmente igual à vida do homem em relação ao Grande Universo.

Essa proporcionalidade é evidenciada na observação de que a vida do homem no Grande Universo tem a durabilidade de 60, 70, 80, 90 e até 100 anos, e a vida das células que compõem o universo do homem têm a durabilidade de segundos, minutos. Por outro lado, a cada respiração, morrem milhões de células e nascem milhões de células em substituição às mortas. Assim, nessa renovação natural, não só o Macro, o Grande Universo se modifica a cada instante, como também o micro, o universo do homem.

Conscientizando-se de que o homem pode comandar o seu universo, fazer-se parte integrante do Grande Universo e que, como tal, pode centralizar em si a força desse Universo e, assim, conduzir a força dos demais universos individuais a seu lado, sem contrariá-los, foi que o Mestre Ueshiba revelou a sua arte de unificação do homem consigo mesmo e com os demais seres da natureza, para formar uma corrente, UNA, de unificação universal.

Tinha em mente o Grande Mestre fazer com que seus seguidores se unificassem com a Grande Natureza, vivendo de acordo com esta. Sendo assim, todos os movimentos do Aikido são circulares. O movimento circular dá margem ao desvio da força sem choque direto. Além disso, dá oportunidade ao praticante de Aikido de unir-se, ligeiramente, com a força do oponente e conduzi-la, sem contrariá-la.

Isso, nas religiões, traduz-se por amor, um só rebanho e um só pastor, a união de todos. Essa era a finalidade do Pensador e Mestre Morihei Ueshiba. Ele tinha em mente, figurativamente, formar um grande *DOJO* em que todos pudessem ficar de mãos dadas em seu redor. Era sua pretensão mostrar ao mundo que o Aikido é a arte do 3º milênio para o equilíbrio da humanidade, dentro da Lei da Natureza, que é a Grande Lei do Grande Universo. Para a formação dessa corrente, UNA, de equilíbrio, o Grande Mestre Ueshiba revelou ao mundo o AIKIDO.

O movimento circular dá margem ao desvio da força sem choque direto. Além disso, dá oportunidade ao praticante de Aikido de unir-se, ligeiramente, com a força do oponente e conduzi-la, sem contrariá-la.

A propósito, lembro aqui palavras do Mestre Ueshiba reveladas através de um depoimento pessoal do seu discípulo MITSUGI SAOTOME. Diz Saotome (2011, p.35):

> *Certo dia, durante os anos do meu aprendizado, O Sensei acabava de fazer suas preces no SANTUÁRIO AIKI de Iwama quando começou a falar em tom suave e pensativo:*
>
> *- Saotome, as pessoas costumam dizer que eu criei o Aikido graças ao estudo de muitas outras artes marciais. Mas o caminho do* Takemussu Aiki *em que penso é diferente. Ele nasceu da ordem de* Kami, *à qual eu apenas obedeci e transmiti aos outros. Eu não criei o Aikido.* Aiki *é o caminho de* Kami. *É fazer parte das leis do Universo. É a fonte dos princípios da vida. A história do Aikido começa com a origem do Universo. Você acha que um ser humano poderia*

ter criado essas leis? A acanhada inteligência dos homens não basta para entender isso. Se esquecermos a gratidão para com Kami, *nossas vidas nada valem. Se esquecermos os processos e a função do Universo, nada poderá nos proteger.*

Corroborando a assertiva do Grande Mestre Morihei Ueshiba, tratarei da relação íntima entre o Aikido e a Grande Lei da Natureza.

O AIKIDO E A GRANDE LEI DA NATUREZA

Tudo na natureza é regido por ciclos setenários, a começar pela idade do ser humano: 1º ciclo aos 7 anos, 2º ciclo aos 14 anos, 3º ciclo aos 21 anos, 4º ciclo aos 28 anos, 5º ciclo aos 35 anos, 6º ciclo aos 42 anos, e 7º ciclo aos 49 anos (7 vezes 7). Os 49 anos significam a plenitude do homem racional.

Em seguida, temos os dias da semana, que são sete. Podemos considerar também que a Grande Lei da Natureza está dividida em Sete Leis. Uma Lei para cada dia da semana. Segundo o pensador Deepak Chopra (2008), estas são as Sete Leis Espirituais do Sucesso, nome do seu livro que aborda com profundidade, no campo quântico, o relacionamento de cada Lei com cada dia da semana.

O nome Sete Leis Espirituais do Sucesso, dado à Lei da Grande Natureza, é para auxiliar e mostrar às pessoas o caminho mais curto e mais seguro para vencer na grande batalha da vida diária. Assim, para cada dia da semana existe uma Lei específica, conforme apresento a seguir:

Domingo	1ª Lei: A Lei da Potencialidade Pura ou Lei da Unidade
Segunda-feira	2ª Lei: A Lei da Doação ou Lei de Dar e Receber
Terça-feira	3ª Lei: A Lei do Carma[11] ou Lei de Causa e Efeito
Quarta-feira	4ª Lei: A Lei do Mínimo Esforço
Quinta-feira	5ª Lei: A Lei da Intenção e do Desejo
Sexta-feira	6ª Lei: A Lei do Distanciamento ou Lei do Desapego
Sábado	7ª Lei: A Lei do Darma[12] ou Lei do Propósito de Vida

Abstratamente, com base nas Leis Universais e objetivando a formação de uma corrente UNA, pensando em um equilíbrio, através das artes

11 Carma ou *Karma*, termo sânscrito que significa tanto a ação quanto seus frutos (efeitos), positivos ou negativos. N.E.

12 Darma ou *Dharma*, é um termo sânscrito cujo significado é complexo, e traz o conceito de retidão, harmonia com a Lei natural, caminho correto, ético, e também o sentido daquilo que mantém e sustenta a própria vida, dentre outros. Pode também significar o *Budô*. N.E.

marciais, para a humanidade, foi que o Grande Mestre Morihei Ueshiba revelou ao mundo o Aikido.

Nesse sentido, o Aikido relaciona-se intimamente com a Grande Lei da Natureza e especialmente com cada uma das Sete Leis acima, conforme demonstrado a seguir (baseado em Chopra, 2008).

1 – LEI DA POTENCIALIDADE PURA

A 1ª Lei, a Lei da Potencialidade Pura, também chamada Lei da Unidade, corresponde ao primeiro dia da semana, domingo. Este é o dia do Senhor para os religiosos e o dia de descanso geral e do lazer para todos.

Esta Lei se relaciona intimamente com o Aikido, uma vez que este tem por finalidade basilar a unificação de mente e corpo, espírito e matéria. Através dessa unificação, que só ocorre quando há descontração e relaxamento, chega-se ao *KI*. O *KI* é a força vital do Universo, oriunda da Lei da Potencialidade Pura ou Lei da Unidade. Na unidade está a tranquilidade, a ausência de conflito. Na tranquilidade está a paz. Na paz está o bem-estar, a felicidade, o amor.

Como o Aikido tem por princípio fundamental a unificação mente-corpo, isto é, a unificação do ser humano consigo mesmo e, por conseguinte, com o Universo, a 1ª Lei da Natureza, a Lei da Potencialidade Pura ou Lei da Unidade é o seu suporte inicial.

2 – LEI DE DAR E RECEBER, LEI DA DOAÇÃO

O cumprimento da Lei da Unidade ou da Potencialidade Pura, no exercício do Aikido, que só ocorre por meio da união da mente e do corpo, leva o praticante à 2ª Lei da Natureza, a Lei de Dar e Receber, a Lei da Doação.

Essa Lei corresponde ao segundo dia da semana, segunda-feira. Esse é o primeiro dia de trabalho da semana. É o dia representativo da troca dinâmica apontada pela natureza. Dar e receber são diferentes aspectos do fluxo da energia universal. Assim diz Chopra (2008), mostrando que o Universo opera através de trocas dinâmicas.

Por esse motivo, os exercícios do Aikido são feitos em duplas. Cada dupla é formada por um, denominado *Ukê*, e por outro, o *Tori*. O *Ukê* ataca, e o *Tori* defende. Todavia, o *Tori*, ao defender-se, não o faz contrariando a força do oponente, e sim recebendo-a e unificando-se com ela para conduzi-la em uma trajetória circular.

3 – LEI DE CAUSA E EFEITO, LEI DO CARMA

O Aikido segue também embasado na 3ª Lei Espiritual, a Lei do Carma ou Lei de Causa e Efeito, simultaneamente. Ela significa que toda ação gera uma reação igual e contrária.

Por isso, no Aikido, o *Ukê,* ao atacar com firmeza o *Tori*, deve estar preparado para cair. Pois o *Tori*, ao conduzir esta força, através da união com o *Ukê*, o faz muitas vezes trazendo-a de volta ao *Ukê*, que, para não receber o impacto violento, aprende a técnica de bem cair, para deixar a força passar sem atingi-lo.

"**Ceder para Vencer**" é o lema que forma a infraestrutura do Aikido.

4 – A LEI DO MÍNIMO ESFORÇO

Em continuação ao desempenho do Aikido, usando o lema "Ceder para Vencer", em sua trajetória para conduzir o oponente, chega-se à 4ª Lei Espiritual, a Lei do Mínimo Esforço. Esta também é uma tônica preponderante no Aikido.

Dessa forma, o *Tori*, ao receber a força remetida pelo *Ukê*, deve com ela se unir para poder conduzi-la com o mínimo esforço. Isto é feito através de movimentos circulares comandados pelas cadeiras (quadril). Aparece aí a sintonia do Aikido com os movimentos da natureza, que são todos circulares.

Mais uma vez evidencia-se o lema "**Ceder para Vencer**". No particular, afirma o Grande Mestre Morihei Ueshiba: "**Não existe luta no Aikido, pois ela termina antes de começar**". Por isso, denominou o Aikido como a "**Arte de Não Lutar**".

> "Ceder para Vencer" é o lema que forma a infraestrutura do Aikido.

5 – A LEI DA INTENÇÃO E DO DESEJO

Desenvolvendo-se o Aikido com a técnica do mínimo esforço, chega-se à 5ª Lei Espiritual, a Lei da Intenção e do Desejo. O *Tori*, ao receber o ataque do *Ukê*, tem a intenção de conduzir sua força e o desejo de projetá-la para longe. Isto é feito, reflexiologicamente, sem sentir e sem pensar, tudo dentro do mínimo esforço.

A reflexiologia[13] só é alcançada mediante a ausência de pensamento. O pensamento é alicerçado na razão. A razão gera o conflito. O conflito, dentro da intenção e do desejo, forma a luta.

O Aikido, como a arte de não lutar, é transcendente. A transcendência é o distanciamento da razão. O distanciamento da razão é tirar a atenção da mente e colocá-la no ponto UM (*hara*). Tirar o pensamento da mente e colocá-lo no Ponto UM é sair da individualidade e entrar na unidade. Sair da individualidade e entrar na unidade é ser um com o Grande Universo. Ser um com o Grande Universo é sair do "ter" e entrar no SER. Sair do "ter" e entrar no SER é dominar o apego que nos acorrenta à razão.

Esta 5ª Lei, a Lei da Intenção e do Desejo, determina o objetivo firmado e a ser alcançado. É como se plantássemos uma semente e dela nos afastássemos para esperar seu nascimento.

6 – A LEI DO DISTANCIAMENTO

Com a atenção no Ponto UM, o *Tori* adota movimentos circulares – sai da individualidade e entra na unidade – e, assim, sai da linha de choque direto com o *Ukê*, conservando-o sempre a determinada distância. Cumpre-se, dessa forma, no Aikido a Lei do Distanciamento, que é a 6ª Lei Espiritual. O *Tori* não se envolve com o *Ukê* diretamente, apenas o conduz, até unirem-se os dois em um. Uma vez unidos, o *Tori*, posicionando-se

13 O Mestre Martins se referia a reflexiologia de forma geral. O Aikido é aprendido e ensinado repetindo-se a exaustão os movimentos. A isso, o Mestre Martins entendia como reflexologia.

como o centro do Universo, conduz facilmente o *Ukê*, que fica sem possibilidade de resistir e aplica a técnica de bem cair para não sofrer qualquer impacto lesionável.

7 – A LEI DO PROPÓSITO DE VIDA

O Aikido veio para ensinar o ser humano a viver em conformidade com a natureza e a encontrar-se consigo mesmo, isto é, encontrar seu Eu Superior, o Eu Divino que está dentro de cada um. Assim, chega-se, através da Lei do Distanciamento, à 7ª Lei Espiritual. Essa é a Lei do Propósito de Vida dentro da harmonia e do equilíbrio da natureza. Trata-se do cumprimento do objetivo formado na 5ª Lei, a Lei da Intenção e do Desejo.

Viver em conformidade com a natureza é sair da individualidade, de si mesmo, e entrar na unidade do Universo e, por conseguinte, da Grande Natureza. Uma vez unificado com a natureza, o Aikido ensina o homem a ser o centro do Universo. Como centro do Universo, o homem pode comandar o próprio universo sem individualizar-se, pois na individualização está a fraqueza, e na unificação está a força.

AIKIDO COMO ARTE MARCIAL, AIKIDO COMO TERAPIA

Atualmente, Aikido é considerado uma arte marcial. Todavia, em um futuro próximo, talvez não seja considerado como tal, muito embora represente uma defesa pessoal de alta qualidade. Essa qualidade será desenvolvida cada vez mais, à medida que os praticantes dessa arte forem se aperfeiçoando no campo transcendental, isto é, buscando o encontro com o seu verdadeiro Eu, o Eu Divino, o Eu Universal, que faz parte de Deus. Se analisarmos a palavra "Deus" e atentarmos para o que afirma a Ciência Quântica, veremos que DEUS é a união de "eus" que forma a totalidade: DEUS.

Isso porque o Aikido não é totalmente físico. É o equilíbrio do espírito com a matéria, da mente com o corpo. Nessa unificação está o equilíbrio. Nesse equilíbrio está a força. A força está na descontração. A descontração está na desindividualização. Na desindividualização, está a unificação com o Universo. Uma vez unificado com o Universo, o praticante se torna o centro deste. Como centro do Universo, passa a adotar os movimentos circulares. Na execução desses movimentos circulares, passa a sair da competição, que é o choque direto entre duas forças em linha reta. O exemplo claro é um peão. O peão em movimento joga para fora qualquer força que venha em sua direção. Não dá oportunidade a choques diretos.

Não havendo choque direto, não há luta, e deixa de existir a competição. Ao não haver competição, surge, naturalmente, o acordo. No acordo, está a unificação. Na unificação, está a força. Na força, está a tranquilidade. Na tranquilidade, está o equilíbrio. No equilíbrio, está a paz. Na paz, está o amor. No amor, está a felicidade.

Na realidade, a luta no Aikido é do praticante consigo mesmo, porque desde que nascemos enfrentamos um exercício de contração. O cueiro, ao ser colocado apertando o ventre da criança, obriga-a a contrair-se. É a primeira contração. A continuação dos exercícios de contração ocorre quando a criança entra na idade da razão, isto é, quando começa a pensar e, naturalmente, passa a exigir o seu direito. Aí começa o conflito interno, que é a luta dentro de cada um, geradora das mais diversas contrações.

Nessas contrações, surgem os bloqueios que, naturalmente, desencadeiam uma série de desequilíbrios no organismo humano. Tais desequilíbrios resultam do impedimento da circulação natural das duas energias que circulam pelo corpo humano, denominadas *Yin* e *Yang*, também conhecidas como positiva e negativa. O funcionamento equilibrado dos dois meridianos, *Yin* e *Yang*, resultam na bioenergética[14] responsável pelo equilíbrio do nosso físico e que dá origem à saúde.

É natural que o desequilíbrio físico resulte em disfunção orgânica, denominada como doença. A doença, todavia, aparece quando as duas energias, o *Yin* e o *Yang*, fluem em descompasso pelo corpo, dando margem a bloqueios cujas contraturas impedem a passagem do *KI*. Deste modo, entramos em conflito com a Lei da Natureza, que é a Lei do Universo, cujo alicerce repousa nas Sete Leis Espirituais anteriormente comentadas.

Para reparar tal disfunção orgânica, o Aikido começa com movimentos de descontração que vão da cabeça aos pés, para permitir que o *Yin* e o *Yang* fluam equilibradamente pelo corpo inteiro, eliminando assim todos os bloqueios e contraturas ocasionadas pelos conflitos mentais ocorridos no dia a dia da pessoa. O Aikido está ao alcance de todos, independentemente de sexo e de idade.

14 A palavra bioenergética foi usada por Mestre Martins referindo-se à dinâmica da energia no corpo.

Mestre Martins no Dojo da natureza, localizado na casa do saudoso Giampiero Madaio, 1º Dan, durante treino de Aikido.

Nessas oportunidades – treinos ao ar livre – era nítida a conexão do Mestre com o universo. Parecia que os seus movimentos eram ainda mais rápidos e vigorosos. Era difícil ser *uke* dele, pois ele tinha a capacidade de nos arremessar a longa distância, apesar do tamanho reduzido de espaço.

O Aikido surgiu para ensinar o ser humano a viver em conformidade com a Natureza. Viver em conformidade com a Natureza é sair da individualidade, de si mesmo, e entrar na unidade do Universo. Para isso, é necessário sair do "ter" e entrar no SER.

3.
AIKIDO: ARTE DE EQUILÍBRIO DO TERCEIRO MILÊNIO

O AIKIDO COMO EQUILÍBRIO DA VIDA

O Aikido surgiu para ensinar o homem a viver em conformidade com a Natureza. Viver em conformidade com a Natureza é sair da individualidade, de si mesmo, e entrar na unidade do Universo. Para isso, é necessário sair do ter e entrar no SER. O ter é o racional, é a razão, é o conflito, é a luta. O SER é a transcendência, é a paz, é o equilíbrio, é o amor.

Assim, para que possamos aprender o Aikido dentro de sua essência, em primeiro lugar, temos que aprender a arte da descontração. Esta nos leva à unificação com a força universal. Daí o nome ***AIKIDO: AI*** traduz-se por suavidade, harmonia; ***KI***, por espírito, força vital do universo; e ***DO*** traduz-se por caminho. ***AIKIDO*** traduz-se por: caminho harmônico, suave do espírito.

Ao observarmos o Aikido dentro de sua infraestrutura tridimensional (UNIDADE MENTE, CORPO E ESPÍRITO), veremos nele uma arte capaz de nos conduzir pelos caminhos da vida com relativa facilidade, se o vivenciarmos apenas em sua forma. Todavia, se o fizermos dentro de sua verdadeira essência, experimentaremos uma vida equilibrada, em que predomina a segurança e a paz. Deve-se isso aos aspectos espirituais do Aikido. Na realidade, o Aikido não é propriamente físico, e sim transcendental.

O caminho normal de qualquer aprendizado é a forma. A forma nos leva à essência, no caso, ao *KI*. Esta forma apresenta-se com os movimentos físicos circulares, centralizados nas cadeiras, onde temos o Ponto Um (*hara*). Assim, sintonizados no chacra básico[15], mantendo uma respiração tranquila e em estado de relaxamento total, como recomenda o Yoga,

15 Chacra ou *Chakra* - Termo originário da tradição hindu. São círculos ou centros de energia e consciência. Não são centros anatômicos como os plexos nervosos, mas sedes sutis de consciência, de energia e Poder divino. O Chacra básico é o primeiro dos sete principais, cujo termo sânscrito é *Mūlādhāra Chakra*, significa "raiz da existência" e está localizado perto do cóccix abaixo do sacro. N.E

podemos movimentar essa potente força que se chama *KI*. Por isso, considera-se o Aikido um Yoga em movimento.

Não podemos, no entanto, prender-nos apenas à forma, pois a forma é mutável, passageira. Esta nos acompanha até chegarmos à essência, ao *KI*. Todavia, quando alcançamos o *KI*, a forma não tem mais sentido, ela desaparece como regra básica única. Dessa maneira, cada professor, quando chega a um determinado grau de evolução, tende a ter sua própria forma.

Isso dá margem ao pensamento de que, ao esvair-se a força física pelo peso da idade, o professor muda a sua forma. Na realidade, não é a falta de força física que obriga o professor a mudar a sua forma, e sim a sua chegada ao domínio do *KI*, que o faz a agir sem utilizar a força física.

A forma criada por determinado mestre tem as suas características basilares, que dependem da formação física e da postura de cada um. A essência, todavia, é uma só: alcançar, sentir e estender o *KI*, a força que move o universo.

Para alcançar e estender o *KI*, primeiramente, o homem tem que unificar sua mente e seu corpo. Isto quer dizer fazer-se UNO. O próprio nome UNIVERSO significa "unido e separado". Pois UNO, oriundo do Latim UNUS (-A, -UM), significa "unido"; VERSO, igualmente, oriundo do Latim VERSUS (-US), "a outra face", quer dizer "separado".

Portanto, a unificação mente-corpo é tornar as duas partes que compõem o homem uma só. É unir o espírito e a matéria e fazê-los trabalhar juntos, em uma só forma e em um só movimento comandado pelo quadril, por nosso chacra básico, como o centro do nosso universo e, consequentemente, do Grande Universo. Temos então o microuniverso dentro do Macro Universo, a unidade total.

A Lei da Unidade (1ª Lei Espiritual do Sucesso) nos mostra que o campo da Pontencialidade Pura é o próprio Eu. Quanto mais você busca a sua verdadeira natureza, mais se aproxima do campo da Potencialidade Pura, que outra coisa não é senão a unificação mente-corpo em sintonia com a Grande Lei da Natureza, onde repousa o equilíbrio e a segurança de cada um. Daí a especial qualidade de vida oferecida pelo Aikido ao seu praticante.

A união mente-corpo é um aprendizado demorado, porque tem por base o desapego, a desindividualização que nos leva à unidade. Todavia, para chegarmos à unidade, temos que entrar na prática repetitiva de exercícios diários. Estes exercícios, repetidos constantemente, com toda a certeza nos levarão ao campo reflexiológico. A reflexiologia, por sua vez, automaticamente nos permite a união com o oponente para podermos conduzir sua força, direcionando-a para onde for mais conveniente sem qualquer esforço.

Vale lembrar que uma das características basilares do Aikido é o mínimo esforço. Este tem por base o lema: "Ceder para Vencer". Ceder para vencer é uma das normas a ser seguida e é alicerçada na Lei do Mínimo Esforço. Esta é a 4ª Lei Espiritual dentro do composto setenário da Grande Lei da Natureza.

A propósito, acompanhando o que diz a Ciência Quântica, é de verificar-se que muitas vezes aquilo que chamamos de milagre nada mais é que a atuação da Lei do Mínimo Esforço. A Lei do Mínimo Esforço é o caminho natural, calcado na determinação e na certeza de conseguir o objetivo almejado. Em outras palavras, são as VIRTUDES TRANSCENDENTAIS - **Fé**, **Esperança** e **Caridade** - caminhando juntas.

A FÉ é a certeza que mata toda dúvida. A Fé nos coloca na ligação com o Plano Divino, que tudo domina, através da Determinação. A ESPERANÇA é a porta aberta que nenhum homem pode fechar. A Esperança nos confirma na Disciplina para seguir o caminho correto. A CARIDADE é a perfeição que varre todo pensar e sentir incorreto. Na Caridade está a Dedicação, que é o ato de fazer tudo bem feito, como se fosse a última coisa que se está fazendo. O Desprendimento é o Ser onde repousam as três VIRTUDES TRANSCENDENTAIS.

Por isso, considera-se como pré-requisito para a promoção ao 1º Dan, faixa-preta, além da técnica, os "4 Ds": DETERMINAÇÃO, DISCIPLINA, DEDICAÇÃO e DESPRENDIMENTO.

Certamente, se estivermos ligados a esse mais alto plano, através de Determinação, Disciplina, Dedicação e Desprendimento, conseguiremos tudo com o mínimo esforço.

Destaco um ensinamento do Grande Mestre MEISHU-SAMA[16], em seu livro *Alicerce do Paraíso* (1949, vol. 4, p. 39):

> ***O homem depende do seu pensamento.*** *É realmente verdade que gratidão gera gratidão e lamúria gera lamúria. Isto acontece porque o coração agradecido comunica-se com Deus, e o queixoso relaciona-se com Satanás. Assim, quem vive agradecendo torna-se feliz; quem vive se lamuriando caminha para a infelicidade.*

16 MEISHU-SAMA, "Senhor da luz", é o título honorífico de Mokiti Okada (1882-1955), fundador da Igreja Messiânica Mundial. N.E.

A frase 'Alegrem-se que virão coisas alegres' expressa uma grande verdade.

Por isso, muitas vezes, ao invés de utilizar-se do pensamento como uma forma segura de progresso, o homem o faz justamente ao contrário. Usa o próprio pensamento em seu desfavor, trabalhando contra si mesmo.

No particular, a Ciência Quântica corrobora a assertiva retrocitada do Mestre Maior, Meishu-Sama, afirmando que o ser humano é um composto de pensamento, crença e emoção. Isto considerado, podemos construir ou destruir nosso corpo físico. Somos responsáveis por tudo que ocorre conosco. Não podemos culpar quem quer que seja pelo que conosco acontece.

É de ver-se, dessa forma, que tudo depende de nós. Vamos dar um exemplo: se entrarmos em estado de concentração, esvaziando nossa mente de qualquer pensamento, ficando em estado de serenidade, automaticamente experimentaremos um estado de equilíbrio físico/mental. Nesse estado de equilíbrio, encontraremos a paz e, consequentemente, o caminho para a solução de qualquer problema que por acaso venha nos afligindo.

Exercício de concentração respiratória

Levando para a prática, o leitor pode experimentar fazer este exercício de concentração respiratória, preparatório para as afirmações que constroem e remodelam nosso corpo físico:

Sente-se sobre os calcanhares, com o corpo ereto, com os dedos das mãos (polegar, indicador e médio) triangularmente unidos sobre o Ponto UM (4,5 cm abaixo do umbigo).

Feche os olhos. Focalize sua atenção no 6º chacra, entre as sobrancelhas, na raiz do nariz.

Procure ouvir o som da natureza. Não pense em nada.

Comece a respirar profundamente, enchendo a parte de baixo dos pulmões, elastecendo o ventre para baixo. Em seguida, procure encher a parte do meio e, por último, a parte de cima, levantando ligeiramente os ombros para trás, salientando a parte da frente. Isto deve ser feito mediante uma contagem de 1 a 8. Quando chegar ao número 8, os pulmões devem estar completamente cheios de ar.

Impulsione o ar para baixo, pressionando-o e fazendo-o girar em sentido horário, da direita para a esquerda, em volta do chacra do plexo solar (na altura do estômago), contando até 4.

Logo depois, comece a expirar lentamente, soltando o ar pela boca até os pulmões encontrarem-se totalmente vazios, fazendo uma ligeira e forte pressão sibilar, mantendo a língua entre os dentes. Neste ato, obedeça também à contagem de 1 a 8. Uma vez vazios os pulmões, conte de 1 a 4.

Em seguida, comece a enchê-los novamente, seguindo as instruções anteriores. Repita por 7 vezes, no mínimo, esse ato de concentração respiratória.

A ARTE DE VIVER COM EQUILÍBRIO E SEGURANÇA

A importância do perdão

A você que está em conflito íntimo sentimental, sentindo-se uma pessoa abandonada, vazia, sem ânimo para nada, desiludida da vida – portanto, à beira de um desequilíbrio físico/mental –, aqui está a oportunidade de libertar-se dessa condição de vencido e passar à de vencedor.

Note, esse estado de desânimo acentua-se cada vez mais. Observe que a pessoa nessa circunstância sente-se cada vez mais vazia, e o desânimo aumenta a cada passo. Não tem ânimo para nada. Não tem vontade de estudar, nem de trabalhar. Falta-lhe um objetivo. Por isso, sente-se despida de qualquer incentivo para continuar lutando pela vida.

No trabalho, apesar de sua capacidade, sente-se sempre uma pessoa limitada e, até mesmo, marginalizada, sem possibilidade de qualquer progresso. Acha que está sendo injustiçada. Critica tudo e critica todos. Sente que todos estão contra ela. Vive procurando apoio nos outros e decepciona-se a cada momento. Apesar de ter todas as possibilidades para vencer, sente-se sem disposição para fazê-lo. Inexplicavelmente, experimenta, a cada passo, uma insatisfação interna. Sabe que tem alguma coisa para fazer, mas não sabe o que é. Sente-se insatisfeita com tudo e com todos.

Às vezes, tem tudo para ser feliz: um lar bem constituído, onde todas as atenções são para si; está na faculdade, é bonita, todos a admiram; tem carro, dinheiro; não lhe falta nada. De outra parte, se é casada, tem filhos saudáveis, equilíbrio financeiro, boa posição social, e mesmo assim vive insatisfeita, sentindo-se presa, como se fosse uma pessoa escrava, e perdida, com uma sensação de não saber de onde veio e nem para onde vai.

> Todavia, observe que tudo isso que está acontecendo com você é culpa puramente sua. Tudo que está ocorrendo decorre do estado de negatividade em que você se encontra. Fique certo de que você, como pessoa, é a única responsável por esse estado depressivo que lhe domina. Ninguém está contra você. Você é que está trabalhando contra si mesmo. Ninguém pode lhe ajudar. Não adianta buscar apoio nos outros. Somente você pode reverter essa situação.

Lembre-se de que nós podemos tudo. Tudo está ao nosso alcance. Se somos carentes de tudo e não temos nada, ou se temos tudo e continuamos ansiosos e insatisfeitos, isso ocorre, simplesmente, pelo fato de ainda não nos termos encontrado. Enquanto estivermos desencontrados, sem saber de onde viemos e nem para onde vamos, estaremos em desequilíbrio. Estamos, por conseguinte, trabalhando contra tudo e contra todos e, sobretudo, contra nós mesmos. Isso porque estamos desperdiçando nossa força magnética.

Essa força magnética que todos nós possuímos, sem o saber, é que atrai as boas coisas da vida para nós. Nessa fase da vida, achamos que sempre estamos certos. Entretanto, pensamos que ninguém nos compreende. Consideramo-nos marginalizados e sufocados pela depressão que nos vai n'alma.

> Enquanto estivermos desencontrados, sem saber de onde viemos e nem para onde vamos, estaremos em desequilíbrio.

Todavia, se fizermos uma análise mais detalhada de nós mesmos e voltarmos ao passado, ao tempo de criança, pode ocorrer em nossa mente uma sensação de que fomos injustiçados. Algum fato, ocorrido em nossa infância e que pensamos haver esquecido, está oculto em nosso coração sob a forma de uma injustiça que se transformou em uma imperceptível mágoa.

Pensamos que esquecemos o que nos feriu intimamente quando éramos crianças. Porém, nada fica esquecido. Nossa mente funciona como um computador. Na realidade, o é figurativamente. E esse computador que é nossa mente registra tudo. Tudo fica gravado em nossa semiconsciência. Nada se pode esquecer. Por esse motivo, podemos carregar um sentimento de mágoa que nos vai acompanhar para sempre, embora o tempo tente dele nos fazer esquecer.

Na verdade, nunca podemos esquecê-lo. Ele permanecerá em nosso inconsciente, sempre produzindo os efeitos negativos, e ali permanecerá até que seja transmutado em sentimento de amor.

Esse é o conhecido sentimento de mágoa, que, enquanto não for eliminado pela raiz, continuará nos prejudicando, deixando-nos como se fossemos um pássaro amarrado pelos pés e com as asas livres para voar. O voo é limitado pelas amarras instaladas no inconsciente. E elas nunca permitirão nossa liberdade para alçar voos a longa distância em busca do objetivo desejado. Por isso, muitos estão constantemente atrapalhados, não conseguindo alcançar a meta pretendida, apesar da capacidade que sentem possuir.

Não é demais lembrar, mais uma vez, que nunca nos libertaremos dessas amarras no inconsciente enquanto não transmutarmos, em sentimento de amor, esse sentimento negativo que, embora não seja de ódio ou de vingança, se nos afigura uma injustiça pela coação sofrida na infância, pela nossa incapacidade de reagir.

> O voo é limitado pelas amarras instaladas no inconsciente.

Tal sentimento, sem que se saiba, é responsável pela crítica que estamos sempre fazendo dos outros ao nosso redor e até de nós mesmos, inconscientemente, e às vezes até conscientemente.

Devemos saber que o ato de criticar ou de julgar, apontando os defeitos dos outros, traz para o crítico ou para o julgador uma carga negativa pesada, que se somará à que já o está acompanhando.

Isso, quando acontece, leva muitas vezes a pessoa ao desânimo total. Esse desânimo total é o chamado estresse, que, com o decorrer do tempo, pode chegar ao ponto de tirar a vontade de viver. Nesse estado, a pessoa sente-se insatisfeita com tudo e com todos.

Essa insatisfação, todavia, produz um sentimento profundamente negativo, que é o responsável pelo afastamento de qualquer benefício que venha em sua direção.

Daí surge o lamento da pessoa que diz: "Nada dá certo para mim, não sei por quê. Eu procuro ser uma pessoa boa, ajudando sempre os outros, mas só levo na cabeça. Parece que tudo está contra mim".

A causa desse desacerto é o fato de a pessoa estar trabalhando contra si mesma. Está desperdiçando as forças magnéticas que poderiam atrair para si qualquer coisa que desejasse.

Como atrás foi dito, esse estado de negatividade permanecerá até que seja transmutado, em sentimento de amor, o sentimento negativo que lhe vai n'alma.

Tal sentimento, não é demais lembrar, pode ser de ódio, de mágoa ou de ciúme, que se transforma em sentimento de vingança. Este, ao ser transmutado em sentimento de amor, através do perdão, quebra as amarras da força negativa. Livre de tais amarras inconscientes, a pessoa sentir-se-á livre com um pássaro solto, que pode voar para onde quiser.

Entretanto, isso só poderá ocorrer se voltarmos para trás, em uma regressão mental no tempo, para comandar a desprogramação daquela ocorrência desagradável, gravada inconscientemente no computador de nossa mente, responsável por aquele sentimento negativo.

É de lembrar-se, por outro lado, que essa desprogramação no computador da mente é de responsabilidade exclusiva da pessoa. Dessa forma, somente ela mesma pode libertar-se. Basta, para isso, transmutar aquele sentimento negativo em sentimento de amor, por meio do perdão, como já foi objeto de comentário anteriormente.

O perdão é a quitação do débito, que na realidade é da pessoa que se julga injustiçada, naturalmente com razão, até certo ponto, por desconhecer suas vidas passadas em outras encarnações.

A desprogramação no computador da mente é de responsabilidade exclusiva da pessoa. Dessa forma, somente ela mesma pode libertar-se.

O Bem e o Mal – Não Julgar

Esse é o caminho normal que nos oferece a vida. Esta se desenrola no campo da razão. A razão é o motivo da luta que, a cada momento, se trava dentro de nós entre o positivo e o negativo, ou seja, entre o bem e o mal que habitam igualmente em nós.

O bem e o mal, queiramos ou não, são elementos úteis e indispensáveis ao nosso desenvolvimento, para trilharmos com firmeza a longa estrada da vida.

A propósito, é de lembrar-se o ensinamento do Grande Mestre MEISHU-SAMA, "**O BEM E O MAL SÃO RELATIVOS**", (*Novos Tempos*, p.86):

> *Há leis naturais no Universo que regem todos os processos e mutações. Essas leis também governam a Religião, a Filosofia, a Ciência, a Política, a Educação, a Economia, as Artes, a paz e a guerra, o bem e o mal.*

Quando nos adaptamos a essas leis naturais e reguladoras, o nosso caminho se torna suave. Quando fazemos resistência a elas, surgem as dificuldades.

As criaturas de pensamento "Daijo" falam menos no bem e no mal, ou nos erros alheios que as criaturas de pensamento "shojo". Como o bem e o mal são termos relativos de uma determinada situação, verdadeiramente, não podemos julgar os atos alheios. Deveríamos, portanto, aplicar a tolerância do pensamento "Daijo" em todos os nossos relacionamentos.

Quando pensamos e agimos de acordo com as imutáveis Leis Divinas, que regem toda a criação e todas as ações, os resultados são benéficos. A despeito da opinião dos homens, o que importa é o resultado final.

Conforme se depreende do ensinamento de Meishu-Sama citado acima, julgar os atos alheios representa uma infração às imutáveis Leis Divinas que regem toda a Criação.

Portanto, quando julgamos o procedimento das pessoas, entramos em um desequilíbrio mental que, naturalmente, influi em nosso físico e, às vezes, de maneira desastrosa. Isso porque, ao fazermos o julgamento, atraímos para nossa mente o estado vibratório negativo daquela pessoa objeto do julgamento ou da crítica.

Esse estado vibratório negativo soma-se, automaticamente, ao que já nos vai n'alma, resultando em aumento do nosso conflito mental. Tal conflito mental vai, cada vez mais, tomando conta de nossa mente até colocar-nos em sério desequilíbrio físico/mental.

A propósito, nunca é demais lembrar que o simples ato de criticar os outros é suficiente para eliminar as forças magnéticas positivas que nos circundam e protegem.

Para de imediato sairmos dessa confusão mental e entrarmos em estado de equilíbrio e paz, só há um caminho: acalmarmos nossa mente, conturbada pelos efeitos negativos da crítica ou do julgamento oriundos de nossos pensamentos. No entanto, para acalmarmos nossa mente, temos de silenciá-la.

Exercício para silenciar a mente (parte 1):

Para silenciar a mente, existe um exercício prático e de atuação imediata que vale experimentar. Basta que, em voz firme, mas suave, comandemos nossa mente, com a seguinte afirmação:

"NÃO JULGO NADA, NEM NINGUÉM. ACEITO TUDO E ACEITO TODOS. TUDO QUE ACONTECE É O QUE TEM QUE ACONTECER."
Repetir, no mínimo, três vezes cada afirmação, sentindo fundo e pensando alto.

A pessoa deve repetir isso para si mesma, várias vezes e com voz firme, embora contrariando sua própria vontade. Deve fazer essas afirmações pensando alto, falando claro e sentindo fundo. Após alguns pronunciamentos, notará sensivelmente a mudança vibratória em seu íntimo e a sensação de bem-estar.

Deve ser repetida essa afirmação várias vezes, mormente quando tivermos vontade de julgar ou criticar alguém. Estas afirmações são necessárias, funcionam como um controle mental inicial e têm influência direta sobre nós.

Ao comandar a eliminação do ato de criticar ou julgar, no mesmo instante, a mente recebe a ordem para eliminar a emoção negativa produto daquele ato. Assim, o quadro negativo que se está vivendo poderá ser revertido e, dentro de poucos instantes, a pessoa começa a sentir a mudança em seu campo vibratório, através de uma paz interior que, inexplicavelmente, começa a surgir de dentro para fora.

Autocontrole

O exercício comentado anteriormente pode ser considerado como um caminho inicial para o autocontrole. Este autocontrole pode-se conseguir através desse exercício simples e fácil de praticar.

Trata-se de uma técnica mental usada no Aikido e adotada por mestres que têm o domínio da força do *KI*. O *KI* é a força vital do Universo, que dá vida a tudo e a todos.

Esta técnica é a arte se silenciar a mente para fugir do conflito mental e racional oriundo de grande preocupação. A preocupação é a responsável, muitas vezes, pelo desequilíbrio físico e mental. Tal desequilíbrio é a origem da insatisfação íntima/sentimental, também conhecida como estresse, que, vez por outra, leva a pessoa até às raias do suicídio.

Silenciar a mente é entrar em estado de serenidade. Nesse estado, a pessoa encontra a si mesma; une o seu ego, o eu material, com o superego, o Eu Divino, seu Cristo interno. Assim, encontra a paz e, por conseguinte, equilíbrio e vida nova.

A propósito, é de repetir-se, agora com mais detalhe, o referido exercício.

Exercício para silenciar a mente (parte 2):

Preste atenção: dirija-se para um lugar onde você esteja só, onde ninguém lhe veja. Uma vez sozinho, respire profundamente, por três vezes no mínimo, enchendo completamente os pulmões, embaixo, no centro e em cima. Diga para si mesmo, em voz alta de preferência:

"NÃO JULGO, NÃO JULGO, NÃO JULGO. NÃO JULGO NADA NEM NINGUÉM; NÃO JULGO NADA NEM NINGUÉM; NÃO JULGO NADA NEM NINGUÉM. ACEITO TUDO E ACEITO TODOS; ACEITO TUDO E ACEITO TODOS; ACEITO TUDO E ACEITO TODOS. TUDO QUE ACONTECE É O QUE TEM QUE ACONTECER; TUDO QUE ACONTECE É O QUE TEM QUE ACONTECER; TUDO QUE ACONTECE É O QUE TEM QUE ACONTECER."

Repita isso, no mínimo, por três vezes. Procure sentir fundo, pensar alto e falar claro para si mesmo. À medida que for pronunciando essas afirmações, vá respirando profundamente.

Observe que, ao término da transmissão dessas mensagens para si mesmo, imediatamente começará a sentir uma mudança vibratória interior, vez que começará a libertar-se do estado depressivo de desânimo. Em seguida, experimentará uma paz de espírito imediata.

Isso porque, na verdade, você comandou sua mente. Esta aceitou o comando e mudou, no mesmo instante, do estado de conflito racional infernal para o estado transcendental de paz e harmonia paradisíaca.

Vale a pena tentar e, com determinação, fazer o exercício recomendado. Lembre-se de que a mente é um computador que está sempre esperando ser programado. Se você não a programar, ela aceitará a programação das forças negativas que a circundam e que lhe estão enviando mensagens a todo momento por meio do pensamento.

Todavia, se não for possível um local solitário para essa prática, faça as afirmações mentalmente, em qualquer lugar, como de início foi explicado. O importante é firmar o pensamento, com determinação e firmeza, no que se está querendo e fazer as afirmações para si mesmo, seja mentalmente, seja em palavras.

O melhor mesmo é usar a palavra com clareza, firmeza e determinação. Lembre-se de que a palavra é a materialização do pensamento, que, aliado à atenção e à emoção, forma um sentimento profundo. Este, junto com a intenção, é capaz de materializar o que se deseja.

A palavra é a materialização do pensamento, que, aliado à atenção e à emoção, forma um sentimento profundo. Este, junto com a intenção, é capaz de materializar o que se deseja.

Pensamentos, palavras e ações

No particular, é de notar-se que cada novo dia é novo começo de vida. Assim, ao acordar pela manhã, repita para você (três vezes no mínimo): “HOJE NÃO VOU JULGAR NADA NEM NINGUÉM; ACEITO TUDO E ACEITO TODOS; O QUE ACONTECE É O QUE TEM QUE ACONTECER”.

Repita isso, sempre, para si mesmo ao começar um novo dia. Lembre-se de fazer isso, principalmente quando sentir vontade de julgar ou criticar quem quer que seja.

Vale lembrar, novamente, que o sentimento que envolve o ato de criticar e de julgar os outros nos leva a um campo de desequilíbrio mental e emocional sem que o possamos notar. Por isso, não fazemos a mínima ideia do mal que, sem querer, estamos causando a nós mesmos.

Lembre-se, mais uma vez, de que, quando se comenta o defeito de uma pessoa, quer em atitude de crítica, quer em atitude de julgamento, estamos atraindo para nós mesmos a vibração negativa que a envolve.

É de reafirmar-se, para melhor fixação na mente, o que foi esclarecido atrás, ou seja, que o ato de criticar e julgar, naturalmente, abre as portas de nossa mente para a confusão mental e emocional, responsáveis pelo nosso desequilíbrio físico e mental. Ademais, isso permite que as coisas boas da vida que almejamos sejam, liminarmente, afastadas pelo campo magnético negativo, que, em consequência, passa a nos circundar.

A propósito, vale lembrar um ensinamento do Luminar SWAMI VIVEKANANDA[17], *apud* Chopra em *As 7* Leis Espirituais do Sucesso, p.39: "**Carma é a eterna afirmação da liberdade humana. Nossos pensamentos, nossas palavras, nossos atos são fios de uma rede que tecemos ao redor de nós mesmos.**"

FORÇA MAGNÉTICA POSITIVA OU NEGATIVA

O poder do "EU SOU"

Note-se, vivemos em um campo magnético de força. Tudo na natureza é energia. Esta pode ser positiva ou negativa, dependendo do nosso posicionamento mental dentro da Grande Natureza.

A FORÇA MAGNÉTICA POSITIVA atrai as boas coisas da vida das quais necessitamos. De outra parte, a FORÇA MAGNÉTICA NEGATIVA, da mesma maneira, afasta-as para longe de nós. Ambas as forças funcionam

17 Swami Vivekananda (1863-1902), líder espiritual indiano considerado figura central na introdução do Vedanta e do Yoga no Ocidente. Fundou a Ordem Ramakrishna. N.E.

como dois ímãs: um, o imã positivo que atrai; e o outro, o imã negativo que afasta.

Trata-se de um sistema de atração e repulsão magnético que embasa a Grande Natureza. Esse sistema está ligado ao homem através do seu livre arbítrio para escolher o caminho a seguir em conformidade com seu pensamento.

Dessa maneira é que, muitas vezes, no último momento, perdemos um benefício que estamos esperando ou que nos foi prometido, tal como uma promoção no trabalho ou qualquer outra melhoria de vida que teríamos, por direito ou por merecimento, segundo nosso ponto de vista.

Daí, surge o lamento da pessoa que diz , pensando alto: "o negócio estava fechado e na última hora não deu certo, não sei por quê". Na maioria das vezes, vem a pergunta: "O que eu fiz a Deus para merecer isso?" E não se conforma com a situação ocorrida.

Assim, a insatisfação continua nos acompanhando. Nosso campo mental segue cada vez mais carregado por aquela nuvem negra, impregnada pela força magnética negativa que afasta as coisas boas e nos restringe ao campo da ansiedade. Este é o objeto da insatisfação que, muitas vezes, nos coloca em um beco sem saída.

Na ocorrência de casos dessa natureza, virtualmente, julgamos que fomos injustiçados, pois não poderíamos ter perdido aquela promoção ou aquele bom negócio que estava praticamente em nossas mãos. É de notar-se que, com tal lamento, automaticamente, estamos chamando Deus de injusto por nos haver afastado tal benefício.

Isso, evidentemente, nos coloca em um campo magnético negativo maior ainda, por não aceitarmos aquela cobrança para pagamento de uma dívida que é nossa, pois foi criada pelos nossos pensamentos e atos errôneos, tais como fazer críticas e julgamentos desnecessários de outras pessoas.

Fazemos isso somente pelo fato de querermos satisfazer nosso ego, o eu racional exterior. O motivo dessa satisfação egoística, geralmente, repousa na vaidade, no ciúme, no orgulho, na mágoa ou em outros sentimentos destrutivos que nos derrubam do pedestal de senhor para o degrau inferior, onde assumimos a condição de escravo. O senhor manda e domina tudo. O escravo é o sofredor que só apanha e não tem direito a nada.

Observe, por outro lado, que podemos sair dessa condição de escravo logo após fazermos algumas afirmações conscientemente – isso porque essas afirmações começam com "EU SOU".

Lembre-se: "EU SOU" é o Supremo Deus. Essa é a assertiva que embasa as escrituras sagradas que representam a infraestrutura de todos os credos que deram origem às religiões.

Portanto, ao pronunciarmos "EU SOU", estamos ligando o nosso ego, o eu racional, ao superego, o Eu Divino, o "EU SOU", a nossa Partícula Divina, Deus dentro de cada um de nós.

Ao pronunciarmos "EU SOU", acompanhados de um pensamento positivo – por exemplo: **"EU SOU" a paz**; **"EU SOU" a saúde**; **"EU SOU" a força** – e de uma respiração profunda, de imediato uma sensação de paz nos envolverá.

Assim, aquela insatisfação, aquele mal-estar de que não se sabe a origem logo começa a desaparecer. Isto porque o nosso físico é formado pelo pensamento, pela crença e pela emoção.

De outra parte, é de lembrar-se que, ao pronunciarmos "EU SOU" com qualquer terminologia negativa – tais como: eu sou/estou doente; eu estou mal; eu não estou bem –, estamos materializando em nós a doença, o mal que está povoando nossa mente.

Isso porque estamos usando nosso poder interno, nosso Eu Divino, de maneira inversa. Daí vem aquele brocardo popular que diz: "Deus só diz sim". Portanto, se você diz que está doente, está decretando a doença para si mesmo, e Ele a confirma com o "sim".

Ao contrário, se você sentir alguma dor ou algum mal-estar, lembre-se de que aquilo é uma vibração negativa falsa que está envolvendo seu espírito, querendo se fazer sentir no físico. Se você não a aceitar e mandá-la ir embora, afirmando que seu Eu Divino é perfeito e que elimina qualquer vibração negativa que venha contra você, logo a dor vai embora, vez que ela é uma vibração negativa intrusa que está querendo firmar-se em seu corpo físico.

Para isto, deve ser usada a seguinte afirmação: "**EU SOU Perfeição Absoluta e me nego a aceitar qualquer outra coisa a não ser saúde, paz, harmonia e bem-estar**".

Estresse e *Johrei*

Se você, ao sentir a dor, der importância a ela, dizendo que está sentindo isso ou aquilo, deu a ela a devida atenção. Aí, essa dor ou vibração negativa, sentindo-se objeto de sua atenção, tomará conta de sua mente, para em seguida materializar-se em seu corpo sob qualquer forma de disfunção orgânica ou doença.

Diante desse quadro, as pessoas tendem a procurar o médico, que, de imediato, manda fazer os exames normais para diagnosticar a doença. Muitas vezes, o exame dá resultado negativo. O médico, para não perder a viagem, faz logo o diagnóstico de "ESTRESSE", a doença da moda. Ela ainda não se materializou no físico. Ainda está no campo vibratório do espírito. Todavia, faz sentir-se no físico através de dores nas costas, no pescoço, nas cadeiras e etc. Se a pessoa a aceita, dando a ela a devida atenção, ela vai materializar-se naturalmente.

De outra parte, se você, ao sentir as retro mencionadas dores, não tiver força para mandá-las embora, mas, ao invés de procurar o médico ou qualquer outro remédio, experimentar receber *JOHREI*, aí verá que ela desaparecerá de imediato.

Tudo depende de você. Toda glória tem seu preço. Toda vitória tem luta. Ninguém ganha nada de graça. Você pode não estar sabendo lutar pela vida, mas sempre é hora de recomeçar.

Aikido para silenciar a mente

Como já foi objeto de comentário anterior, nossa mente, na realidade, é um computador que precisa ser programado por nós mesmos. Se não assumirmos a posição de senhor e determinarmos a programação do nosso computador mental, naturalmente, este será programado por forças mentais externas que chegam a ele a todo momento através do pensamento.

Nossa mente está sempre recebendo e transmitindo essas mensagens conhecidas como pensamento. Geralmente, não temos controle sobre elas.

Prova disso é que, quando queremos entrar em contato com Deus através da oração, somos muitas vezes interrompidos pelos pensamentos. Daí vem a ideia de que nossa oração não prestou. E não prestou na verdade, vez que aconteceu um ruído de comunicação. Houve, por conseguinte, a interrupção na ligação estabelecida com o Plano Superior, Divino, Deus, o "EU SOU".

Como seres racionais que somos, não é fácil dominar a mente. É bem de ver que nossa mente é nossa casa. A propósito é de lembrar-se a seguinte recomendação, feita pelo Mestre JESUS CRISTO aos seus seguidores: "quando orares, entra em teu aposento e fecha-o, ore a teu Pai que está em oculto; e teu Pai que vê secretamente, te recompensará." (Mateus 6:6).

Como já foi dito e é de bom alvitre repetir, nossa casa é nossa mente. Temos que fechá-la. Mas como fechar nossa mente? Fechar nossa mente é dominá-la. Dominá-la é deixar de pensar. E como deixar de pensar se somos seres racionais e, como tais, pensantes por natureza? Deixar de pensar é silenciar a mente.

Daí, é de salientar-se a prática basilar do Aikido, que é o domínio da mente. E como alcançar esse domínio? Uma das maneiras é a unificação mente-corpo, que é o princípio básico do Aikido.

Para unificar a mente e o corpo, temos que tirar a atenção da cabeça e colocá-la no Ponto UM.

O Ponto UM é o chacra que está situado nas cadeiras, 4,5 cm abaixo do umbigo. Ao transferirmos nossa atenção da cabeça para esse ponto, imediatamente silenciamos nossa mente, comandando nosso relaxamento. Com a mente em silêncio, o corpo relaxa naturalmente.

Ao sentirmo-nos relaxados, automaticamente, nossos ombros baixam. Uma vez com os ombros baixos, com os braços ligeiramente estendidos, devemos manter os dedos das mãos ligeiramente esticados para servirem de canais condutores da energia que flui daquele ponto (Ponto UM).

Dessa forma, poderemos estender a força do *KI* – força vital do Universo, que dá vida a tudo e a todos. Estender a força do *KI* é uma prática basilar do Aikido.

Algumas práticas basilares do Aikido:

- O domínio da mente;
- A unificação mente-corpo;
- Estender a força do *KI*.

MUDANÇA DA MENTE E DO CORPO

Pensamento, crença e emoção

Outra maneira de silenciar a mente é comandá-la. Ao fazer os exercícios de não julgar atrás recomendados, estamos comandando nossa mente. Ao receber o comando para não julgar, a mente começa a silenciar e a mudar, juntamente com o corpo, que é o produto de sua vibração.

Observe, a natureza está em constante movimento. Renova-se e modifica-se a cada instante. O mesmo ocorre com o nosso corpo físico. Nosso corpo físico é um microuniverso dentro do Grande Universo.

A cada respiração, nosso universo físico vai se modificando, vez que, por meio desta, ocorre a substituição das células velhas mortas por células vivas novas, dando prosseguimento à vida.

Nosso organismo, que representa um microuniverso, vai se modificando a cada período de sete minutos. Diz-se sete minutos porque o número 7 (sete) é o número cabalístico dos ciclos da natureza.

A natureza confirma esse desenvolvimento setenário. A propósito, vejamos o desenvolvimento físico do homem através de sua idade: 1º ciclo conclui-se com 7 anos; 2º ciclo, com 14 anos; 3º ciclo, com 21 anos; 4º ciclo, com 28 anos; 5º ciclo, com 35 anos; 6º ciclo, com 42 anos; e o 7º ciclo, com 49 anos. Este é o ciclo que determina a plenitude da vida do homem.

A Ciência Quântica considera os 49 anos da idade do homem como o pico da razão. O homem equilibrado racionalmente tem proteção da natureza e está sempre em ascensão, fisicamente, até aos 49 anos.

Todavia, ao completar os 50 anos, o homem começa a perder sua plenitude física e a descer do pico da montanha racional. É de lembrar-se o que afirma o brocardo popular: "o homem, depois dos 50 anos, dobra o Cabo da Boa Esperança".

Por outro lado, também afirma a Ciência Quântica que, se o homem estiver firme em seu campo espiritual, continuará subindo a montanha e, por conseguinte, segue direto, não dobra o "Cabo da Boa Esperança". Isto porque ele sabe que é um espírito fazendo experiência na matéria e não matéria fazendo experiência no espírito.

Descer o Cabo da Boa Esperança é o homem apegar-se às regras racionais ditadas pela ciência material. Esta determina que aos 50 anos o homem tem que fazer *check-up* para acompanhar sua conservação física.

Aí o médico, após os exames de rotina, determina as doenças que são próprias da idade e coloca-as, subliminarmente, na mente do paciente. O paciente, se ainda não estiver com elas, bota nelas sua atenção e passa a esperá-las para combatê-las. Uma vez com a atenção nelas, para combatê-las interrompe sua evolução física.

Assim, tira o seu pensamento da saúde e coloca-o na doença da qual tem que se defender. Dessa forma, passa a pensar em doença esquecendo, naturalmente, a saúde. Aí está a dobra do Cabo da Boa Esperança.

Com a certeza de que é espírito fazendo experiência na matéria, o homem pode ter a matéria sempre dominada e renovada, a cada sopro de sua respiração. Isto acontece através do pensamento, da crença e da emoção, sob o comando do espírito.

Entretanto, se o comando, ao invés de ser do espírito, passar a ser da matéria, o ego racional é que vai dominar. Estabelece-se, aí, como o pico da montanha os 49 anos, os sete ciclos setenários (7x7 = 49). Assim, ao completar 50 anos de idade, o homem que vive puramente embasado na matéria dobra o Cabo da Boa Esperança.

O pensamento, a crença e a emoção, sob o comando do espírito, formam a trindade construtora da matéria, que, quando bem conduzida, elimina até a conhecida velhice. Senhor de sua capacidade espiritual, vivendo no físico, para o homem não há limite.

Daí, com as afirmações de não julgar, através do exercício retro recomendado, imediatamente ordenamos ao nosso mental a substituição das células negativas produzidas pelo conflito racional/mental, conhecido como preocupação, pelas células positivas produtoras de saúde e paz, que nos levam ao campo da tranquilidade e do bem-estar.

É de observar-se que, sete minutos após nossas afirmações mentais conscientes, começamos a experimentar uma mudança sensível em nosso corpo, representada por um bem-estar imediato.

Conflito mental, transformação

Note-se, por outro lado, que, para ter saúde e continuar subindo a montanha, temos que nos vigiar a cada momento, vez que, como seres racionais que somos, vivemos na guerra da razão embasada no "ter".

Isto nos leva ao constante conflito produzido no campo racional, onde as avaliações são constantes. Dentro da avaliação vem o julgamento. Como nós somos seres racionais, o julgamento é uma tônica preponderante da razão. Por isso, temos que nos vigiar a cada momento. Para isso, é de bom alvitre adotar a máxima do Grande Mestre JESUS CRISTO: "VIGIAI E ORAI".

Essa máxima é difícil de adotar porque na verdade o homem, de modo geral embasado no campo racional, não procura assumir a responsabilidade pelos seus atos mal feitos na vida presente e nem, tampouco, nas vidas passadas. Nestas, geralmente, muitos não acreditam, mormente aqueles que professam determinadas religiões que não aceitam a reencarnação, vez que afirmam, categoricamente, através de dogmas de fé por elas mesmas criados, que a vida é uma só, baseadas no que diz a Bíblia: "o homem só morre uma vez". (Hebreus 9:27)

Na realidade, a Bíblia está certa. O homem só morre uma vez. Porque o seu corpo é matéria orgânica mineral. Com a morte, esta matéria se desintegra e volta às suas condições minerais. Assim, nas Escrituras Sagradas, diz o brocardo latino abaixo transcrito *ipsis litteris*:

> "MEMENTO, HOMO, QUIA PULVIS ES ET IN PULVEREM REVERTERIS. REVERTERE AD LOCUM TUUM", *que traduzido diz: "LEMBRA-TE, HOMEM, QUE ÉS PÓ E VOLTARÁS AO PÓ, QUE É TEU LUGAR".*

Assim, o homem, como homem, só morre uma vez, porque o homem é pó e ao pó voltará. Mas o espírito é o sopro de Deus que anima o homem. Este não morrerá, porque é uma Partícula Divina que veio do Pai e vai voltar para o Pai. Portanto, é eterno como o Pai. Os que interpretam a Bíblia fazem-no vendo o homem simplesmente como matéria.

Embasados nessa irreal teoria, muitos acreditam que depois da morte só existe o céu, o purgatório e o inferno. Algumas correntes religiosas assim afirmam. Já os materialistas acreditam que não existe vida após a morte.

Por essa razão, muitos se suicidam quando se deparam com dificuldades que lhes parecem intransponíveis e que se lhes afiguram um beco sem saída.

É de enfatizar-se que o ato de criticar, julgar o procedimento de uma pessoa é normal e natural de todo ser humano dentro de sua infraestrutura racional. Todavia, tal maneira de agir nos leva a um conflito mental de proporções muitas vezes até desastrosas.

Este conflito mental, também denominado de preocupação, coloca-nos contra a 3ª Lei Universal, a Lei de Causa e Efeito, cuja não obediência nos deixa, na vida presente, em estado de desequilíbrio. Tal estado de desequilíbrio, modernamente conhecido como estresse, pode levar-nos às raias de um estado infernal ou desesperador.

Nunca é demais lembrar que este estado infernal, oriundo do desequilíbrio físico e mental, geralmente é alicerçado no ódio, na mágoa e em outros sentimentos negativos, tais como o ciúme e outros sentimentos destrutivos da mesma natureza, que dão origem à falta de paz e, consequentemente, à insatisfação, aspecto também já comentado anteriormente.

Referido estado de insatisfação, na maioria das vezes, dá origem ao desequilíbrio financeiro. Este, de sua parte, pode dar origem a um conflito íntimo sentimental, em que se evidencia a vaidade, a inveja e o ciúme. Tais sentimentos negativos, na maioria das vezes, são os responsáveis pela dissolução do vínculo conjugal entre os casais.

Como vemos, se permanecermos nesse estado de negatividade, iremos caindo cada vez mais, vez que tudo muda, a cada sopro de nossa respiração, para melhor ou para pior, de acordo com nosso estado mental.

Está provado que, através de ciclos setenários, a cada sete minutos, nosso organismo se transforma. Essa transformação constante se dá em conformidade como o nosso pensamento. Isso se faz sentir na mente e no corpo.

Tudo muda, a cada sopro de nossa respiração, para melhor ou para pior, de acordo com nosso estado mental.

A propósito, é de lembrar-se novamente do ensinamento do Mestre MEISHU-SAMA de que o homem é o que é seu pensamento, abaixo transcrito *ipsis litteris* (escrito em 3 de setembro de 1949, livro *Alicerce do Paraíso*, vol. 4, p.39):

> ***O homem depende do seu pensamento****. É realmente verdade que gratidão gera gratidão e lamúria gera lamúria. Isto acontece porque o coração agradecido comunica-se com Deus, e o queixoso relaciona-se com Satanás. Assim, quem vive agradecendo, torna-se feliz; e quem vive se lamuriando caminha para a infelicidade. A frase "Alegrem-se que virão coisas alegres" expressa uma grande verdade.*

Considerando o sábio ensinamento do Mestre Meishu-Sama e a natureza progressiva que nos envolve, através de ciclos setenários, temos tudo para vencer com relativa facilidade.

De outra parte, para melhor esclarecer, é de considerar-se que temos livre arbítrio. Podemos, portanto, dar um basta nesse conflito mental que nos abate a cada momento em que renovamos o ar dos pulmões através da respiração.

Podemos, por isso, virar o jogo. De vencidos podemos passar a vencedores. Tudo depende de nós. A vida é uma escada evolutiva. Não podemos deixar de subir cada degrau que, a cada momento, se nos apresenta.

Mestre Martins atento ao treino dos seus aprendizes.

Determinação, disciplina, dedicação e desprendimento

Veja que a determinação é um dos pré-requisitos basilares para a vitória nessa luta diária. As dificuldades constantes são os degraus de nossa escada. Não podemos fugir, pois nelas repousam nossa futura felicidade. Dessa forma, vamos galgá-las com determinação, com disciplina, com dedicação e com desprendimento, porque estes são os alicerces da vitória.

Estas quatro qualidades acima salientadas, DETERMINAÇÃO, DISCIPLINA, DEDICAÇÃO e DESPRENDIMENTO, representam os quatro pilares componentes da base firme que apoia aquele que se destaca como vencedor em qualquer ramo de negócio que se lhe apresente.

Aqui vai um exercício de preparação para a pessoa conseguir botar em prática essas quatro qualidades que norteiam os vencedores.

Exercício de preparação:

Inicialmente, retire-se para um lugar onde esteja sozinho. Pode ser seu quarto de dormir.

Sente-se confortavelmente em uma cadeira. Mantenha os braços e as pernas totalmente relaxados.

Silencie sua mente, procure não pensar. Para isso, coloque sua atenção no som da natureza. Se for durante o dia, no canto dos pássaros, ou em qualquer outro som que lhe chegue aos ouvidos.

Comece a inspirar, vagarosamente, enchendo os pulmões, alongando a parte de baixo do ventre, para encher bem a parte inferior dos pulmões, depois o centro e em seguida a parte de cima, movimentando ligeiramente os ombros para trás para enchê-lo, totalmente, na parte superior. Este exercício se faz contando até oito. Quando chegar ao numero oito, os pulmões devem estar totalmente cheios.

Em seguida, prenda a respiração. Pressione o ar para baixo, alongando novamente o ventre e contando até quatro, fazendo girar o ar dentro de você, em sentido horário, da direita para a esquerda.

Depois vá soltando o ar lentamente, contando até oito, até esvaziá-los totalmente. Mais uma vez prenda a respiração. Conte até quatro com os pulmões vazios e comece a enchê-los novamente. Repita por sete vezes essa operação.

Em seguida, levante-se da cadeira. Fique em frente a um espelho. Fixe-se em sua imagem, especificamente na raiz do seu nariz, e faça afirmações para si mesmo durante 15 minutos no mínimo.

Para conseguir, por exemplo, a determinação, repita com convicção, pensando alto e sentindo fundo, as afirmações abaixo:

> "EU SOU A DETERMINAÇÃO, EU SOU A DETERMINAÇÃO, EU SOU A DETERMINAÇÃO; TUDO QUE EU QUERO EU CONSIGO, TUDO QUE EU QUERO EU CONSIGO, TUDO QUE EU QUERO EU CONSIGO; EU SOU UM HOMEM DETERMINADO, EU SOU UM HOMEM DETERMINADO, EU SOU UM HOMEM DETERMINADO."

Determinação é o estado de querer com firmeza alguma coisa. E, quando se quer com firmeza alguma coisa, ela naturalmente virá. Este exercício de preparação para as afirmações é, também, o mais apropriado para desenvolver a força do *KI*, além de ajudar na solução de qualquer problema.

Basta para isso, no início da inspiração, introduzir a atenção e a intenção e, por conseguinte, o desejo de alguma coisa que queremos conseguir, no silêncio da mente. O silêncio da mente acontece no decorrer das respirações profundas e purificadoras, quando passamos a prestar a atenção ao som da natureza. Isto, por si só, afasta todos os conflitos mentais e racionais responsáveis pelos desequilíbrios que dão origem ao tão falado estresse.

Todavia, se for difícil fazer essa concentração preparatória para conseguir fazer tais exercícios que nos conduzem ao domínio da mente, temos outra maneira para conseguir esses quatro pré-requisitos basilares que são: DETERMINAÇÃO, DISCIPLINA, DEDICAÇÃO e DESPRENDIMENTO.

Essa maneira é mais simples. Todavia, funciona tão bem quanto a anterior, vez que faz a mente silenciar imediatamente. Para isso, basta falar para sua mente, pensando alto e sentindo fundo: "NÃO JULGO NADA, NEM NIGUÉM"; "ACEITO TUDO E ACEITO TODOS". Repita por sete vezes cada afirmação, e a mente silenciará imediatamente. O sinal é a paz imediata que sentirá.

Como já foi dito e nunca é demais lembrar, estas quatro qualidades – DETERMINAÇÃO, DISCIPLINA, DEDICAÇÃO E DESPRENDIMENTO – representam a base infraestrutural de todos aqueles que são vencedores em qualquer empreendimento que queiram levar a efeito.

Assim, para formar a já mencionada base, vamos começar com o exercício para adquirir a DETERMINAÇÃO e em seguida as demais qualidades já citadas.

Pense no que você quer e determine em nome de "EU SOU". Nunca é demais lembrar que "EU SOU" é DEUS. Quando dizemos "EU SOU", estamos ligando nossa partícula divina a Deus, isto é, nosso ego, o eu material racional se liga ao SUPEREGO, o EU DIVINO, o EU SOU, DEUS.

Por isso, quando falamos em nome de "EU SOU", estamos determinando que venha o que queremos. Dessa forma, o que determinamos que venha virá indubitavelmente.

Por exemplo: se quer saúde, força e equilíbrio, diga com voz firme e determinada para você mesmo: "**EU SOU a saúde; EU SOU a força; EU SOU o equilíbrio**".

Repita essas afirmações, por várias vezes, para você mesmo, de preferência diante de um espelho*, olhando na raiz do seu nariz. Experimente e verá o efeito imediato.

Essas afirmações em frente ao espelho devem ser feitas durante quinze minutos, preferencialmente à noite, antes de dormir, e em lugar onde você esteja sozinho para não chamar a atenção das pessoas, pois tais afirmações devem ser feitas em voz não muito alta, mas firme e com convicção.

Para que as afirmações surtam o efeito imediato, é necessário o praticante pensar alto, falar firme e sentir o que está dizendo. Lembre-se de que o pensamento, a crença e a emoção são os pré-requisitos básicos para a realização de qualquer desejo introduzido no silêncio da mente.

O silêncio da mente se dá nos intervalos, entre um pensamento e outro. Isto considerado, seria melhor não pensar. Para não pensar, dever-se-ia adotar aquela prática basilar do Aikido[18], já objeto de comentário anteriormente. Ao adotar essa prática, naturalmente, são afastados os pensamentos racionais responsáveis pela preocupação, deixando a mente livre e em paz.

---

18 Mestre Martins se referiu à prática de se concentrar no *hara*.

Em estado de paz, estamos com a mente vazia, limpa, podemos dizer que em estado alfa[19], ou em estado de graça, como dizem os religiosos. Nesse estado, ao pronunciarmos as afirmações, estas serão processadas pelo computador de nossa mente e enviadas ao Plano Superior, ao "EU SOU", DEUS, que imediatamente determina sua materialização.

> O pensamento, a crença e a emoção são os pré-requisitos básicos para a realização de qualquer desejo introduzido no silêncio da mente.

Para maior entendimento e convicção nas afirmações, é de lembrar-se, mais uma vez, que "somos seres espirituais tendo experiência na matéria e não seres materiais tendo experiência no espírito". [20]

Daí a convicção de que o corpo material é o produto do pensamento, da crença e da emoção. Por isso, podemos nos construir conforme nossa vontade. Isto, por si só, demonstra a importância das afirmações para a formação da base infraestrutural do nosso físico.

Corroborando essa assertiva, vale transcrever *ipsis litteris*, o que o Luminar e Mestre SAINT GERMAIN[21] disse a um discípulo (*O Livro de Ouro de Saint Germain*, p.51):

> *[...] quero chamar tua atenção para o seguinte fato: as substâncias do teu corpo, essas substâncias que parecem invisíveis ao teu redor são imensamente sensíveis a teus pensamentos e sentimentos inconscientes, motivo pelo qual podes modelá-lo na forma que desejares.*

19 Estado mental interiorizado, relaxado e consciente, mas não muito profundo; caracterizado pela produção de ondas cerebrais alfa cujo espectro varia de 8 a 13 Hz de frequência, eficiente no gerenciamento do estresse, na redução dos problemas de memorização, aumento da criatividade, relaxamento e práticas de visualização. N.E.

20 Citação de Teilhard de Chardin (1881-1955), teólogo francês. N.E.

21 Mestre Saint German (1696-1784), místico que nasceu na Transilvânia, atualmente pertence à Romênia, posteriormente viveu em Paris, na França, onde conta-se que ficou sob os cuidados pessoais de Luiz XV. N.E.

Em continuação, acrescenta ainda:

> *O fato de que a musculatura se desenvolve com exercício deve te fazer compreender que o mesmo esforço pelo poder interno, naturalmente, tem que produzir muito maiores resultados. Por exemplo, os homens creem que precisam fazer exercício para desenvolver os músculos. Pois, muitas vezes, fiz com que meus discípulos desenvolvessem um belo e simétrico corpo, com músculos potentes, sem um único exercício físico.*

Isso prova a influência da mente na formação do nosso físico e confirma o que diz a Ciência Quântica, quando afirma que nosso corpo é o produto do pensamento da crença e da emoção.

Por esta razão, as seguintes afirmações recomendadas são de suma importância para a formação de uma base sólida. Elas formam um suporte firme que representa o equilíbrio físico e mental, onde repousa a Fé, a certeza que elimina toda dúvida.

Assim, para conseguir DETERMINAÇÃO, DISCIPLINA, DEDICAÇÃO e DESPRENDIMENTO, que representam a infraestrutura basilar do vencedor, a Ciência Quântica recomenda os seguintes exercícios.

Exercícios de afirmação:

1. Para **DETERMINAÇÃO**, afirme para você mesmo, repetindo três vezes cada afirmação:

> "EU SOU A DETERMINAÇÃO, EU SOU UMA PESSOA DETERMINADA, A DETERMINAÇÃO ESTÁ EM MIM, TUDO EM MIM É DETERMINAÇÃO" etc.

Repita essas afirmações, durante quinze minutos, diante do espelho e olhando sua imagem na raiz do nariz. Lembre-se de que determinação é o primeiro pré-requisito para você começar sua carreira de vencedor.

2. Para conseguir a **DISCIPLINA**, que é o segundo pré-requisito do vencedor, afirme para si mesmo, repetindo três vezes cada afirmação:

> "EU SOU A DISCIPLINA, EU SOU A ORDEM, EU SOU A OBEDIÊNCIA, EU SOU A ORGANIZAÇÃO, FAÇO MEU TRABALHO DENTRO DA MAIS PERFEITA ORDEM COM RAPIDEZ E SEGURANÇA".

Afirme a você mesmo como gostaria de ser em qualquer circunstância.

3. Para conseguir a **DEDICAÇÃO**, terceiro pré-requisito do vencedor, afirme, repetindo para si mesmo:

> "EU SOU A DEDICAÇÃO, TUDO QUE FAÇO EU FAÇO BEM FEITO, TUDO QUE FAÇO EU FAÇO COM PERFEIÇÃO, EU SOU A PERFEIÇÃO EM MEU TRABALHO".

Afirme como gostaria de fazer seu trabalho.

Dedicação é procurar fazer tudo com perfeição. É dar o máximo de si, sem pensar em si, não obstante o grau de dificuldade da tarefa. É fazer tudo bem feito, como se fosse a última coisa que se está fazendo. Em que pese o grau de dificuldade da tarefa, todo trabalho é fácil desde que com ele nos unifiquemos.

A propósito, afirma a Ciência Quântica dentro da Lei da Unidade que o homem que se unifica com aquilo que faz, na pior das hipóteses, é o melhor dos profissionais.

> **Repito:** o profissional que se unifica com aquilo que faz, na pior das hipóteses, é o melhor dos profissionais. Isso é regra geral na natureza. Procure, portanto, unificar-se com aquilo que faz. Para conseguir isso, faça as afirmações correspondentes. Não esqueça, todavia, de repeti-las sempre por, no mínimo, três vezes, como já foi dito.

4. Para conseguir o **DESPRENDIMENTO**. Desprendimento é sair do ter e entrar no SER. O ter é passageiro e, como tal, é falso. O SER é tudo. Tem tudo e não se prende a nada. É o agora. É o presente. Para conseguir entrar no SER, afirme para si mesmo:

> "EU SOU EM MIM (EU SOU DEUS EM MIM), EU SOU A SAÚDE, EU SOU A PAZ, EU SOU A FORÇA, EU SOU O EQUILÍBRIO, EU SOU A TRANQUILIDADE".

Para melhor convicção, em todas essas afirmações , é oportuno esclarecer que a finalidade delas é comandar a mente a proceder à renovação do corpo físico. Esta renovação é feita através da inspiração e da expiração. No ato da expiração, são expulsas as células doentes e mortas. E, no ato da inspiração, em substituição às células mortas expurgadas, entram as células positivas, novas e cheias de saúde, para renovar a vida, em consonância com as afirmações feitas.

Além disso, as afirmações são responsáveis pelo encontro da pessoa consigo mesma. Encontrar a si mesmo é encontrar seu EU Divino, isto é, unir sua mente e seu corpo. Unir o eu racional, material com o EU Divino, Deus dentro de si mesmo.

A Ciência Quântica, no particular, acompanhando as afirmações de Luminares e Grandes Mestres, tais como MEISHU-SAMA, JESUS CRISTO, SAINT GERMAIN e outros, diz que, ao pronunciarmos "EU SOU", estamos ligando o nosso ego material, racional, irreal com a nossa Partícula Divina, o Superego, nosso Cristo interno, Deus dentro de cada um.

Dessa maneira, unificamo-nos com o EU DIVINO, o ABSOLUTO, o REAL. Assim, podemos chegar a um plano em que qualquer vontade nossa manifestada tornar-se-á realidade, materializar-se-á imediatamente se, realmente e com convicção, afirmarmos o que queremos. Não importa o que seja. Porque para o "EU SOU", DEUS em Ação, não há limite.

Devemos, por outro lado, vigiar-nos na utilização dessas palavras, "EU SOU". A propósito, vale lembrar a advertência que faz o Luminar SAINT GERMAIN, em seu Livro Alquímico, (*O Livro de Ouro de Saint Germain*, p.12):

O discípulo ao tentar compreender e aplicar essas leis poderosas porém singelas, precisa manter estreita vigilância sobre o seu pensamento e expressão, já que cada vez que alguém diz: "não sou", "não posso" ou "não tenho" está estrangulando a magna presença interior, consciente ou inconscientemente e em forma tão palpável como se colocasse as mãos em torno do pescoço de alguém.

Quando alguém faz uma declaração de não ser, não poder, ou não ter, aciona uma energia ilimitada, que continua atuando até que um semelhante a intercepte e transmute a ação. Sempre que te encontrares dizendo e comentando que estás doente, pobre, ou sob outras condições adversas, invertas imediatamente a condição fatal para o teu progresso, declarando mentalmente, mas com toda intensidade: "EU SOU", já que ELE é todo saúde, fartura, felicidade, paz e perfeição. O "EU SOU" é o poder de reconhecer a perfeição em cada um e em toda parte.

O PRESENTE É UM PRESENTE. AGRADEÇA!

Ante o aviso de alerta do Grande Luminar SAINT GERMAIN aos discípulos, vemos que todos somos dotados de qualidades e defeitos. O grande erro é não reconhecermos nossos defeitos e procurar corrigi-los. Temos que ser sinceros, reconhecer a verdade e aceitá-la.

A vida presente é uma universidade na qual estamos fazendo um curso. As matérias são as dificuldades que se nos deparam a cada momento. São como os degraus de uma escada que temos de subir. Não podemos fugir deles e nem neles tropeçar.

Cada um tem seu degrau apropriado para o momento. O momento é o presente, é o agora. O agora nunca mais volta. Portanto, temos que aproveitá-lo e agradecê-lo, em qualquer circunstância, seja ela boa ou má. Se for boa, devemos agradecer porque foi uma graça que recebemos. Se for má, devemos aceitá-la sem reclamação e, igualmente, agradecê-la, pois se trata de um degrau da escada evolutiva da vida que foi colocado em nossa frente para dar-nos a oportunidade de crescer mais.

No particular, vale recordar o que diz a Oração do Senhor no sentido espiritualista: *"Somos escravos do passado e senhores do futuro"*. Isto nos mostra, portanto, que todas as dificuldades que vêm ao nosso encontro são dívidas nossas. Todavia, muitas dessas dívidas são de nossas vidas passadas, e temos que resgatá-las na vida presente.

Cabe lembrar o que diz o pensador Deepak Chopra (2008) que *o presente é um presente, e um presente quando se recebe se agradece*. Agradecer o que nos vem do presente, se for bom, é homenagear a Deus e, se for mau, é dar quitação ao nosso débito do passado.

Explico: a Lei de Causa e Efeito, que é a 3ª Lei da Natureza, é clara, pois diz que "**quem planta colhe**". Mas só colhe aquilo que plantou. Portanto, o presente é a colheita. Se a colheita for boa, é fácil agradecer. No entanto, se for má, agradeça-a de qualquer maneira, pois este agradecimento é a quitação do débito do passado.

É de esclarecer-se, por outro lado, que, quando uma dívida é paga e não existe o comprovante do seu pagamento, ela pode ser cobrada novamente, agora, com juros e correção monetária. Isto é a Lei no campo material confirmada no campo espiritual, conforme a Oração do Senhor: "**Assim na terra como no céu**".

De outra parte, lembre-se de que o comprovante do pagamento de uma dívida representa sua quitação, e a quitação está no perdão. Portanto, não é só necessário perdoar, mas também agradecer ao nosso cobrador pela cobrança recebida no presente, que, muitas vezes, é oriunda do passado. Neste perdão está a quitação do débito para nunca mais ser cobrado.

Note-se que a vida é eterna, e nosso crescimento espiritual vai de encarnação a encarnação nesta universidade chamada Terra. Todavia, cada momento, desde o nascimento até a morte, representa um período transitório, chamado vida na Terra.

A propósito, vale recordar o que disse certa vez o Luminar GAUTAMA BUDA, *apud* Chopra em *As 7* Leis Espirituais do Sucesso, p.97: **"Nossa existência é transitória como as nuvens do outono. Observar o nascimento e a morte do ser é como olhar os movimentos da dança. Uma vida é como o brilho de um relâmpago no céu, levado pela montanha abaixo"**.

UNIFICAÇÃO MENTE-CORPO

De escravo a senhor

É de ver-se que o estado de animação do nosso corpo físico se dá em função do nosso espírito. Segundo a ciência hermética, temos sete corpos espirituais interligados através dos chacras. Isto considerado, o nosso corpo físico é o oitavo corpo. Por depender da harmonia entre os demais que estão sob o comando de nosso espírito, nosso corpo é composto pelo pensamento, pela crença e pela nossa emoção.

Por isso, tudo depende de nós. Nós nos construímos e nos destruímos. Somos dotados de capacidade livre. Por isso, temos livre arbítrio. Tudo, por conseguinte, depende de nós.

Dessa forma, temos o mundo físico e o espiritual. Além disso, temos o mundo da palavra e o do pensamento. Estes dois mundos, o do pensamento e o da palavra, aliados ao sentimento são responsáveis pela criação e conservação do nosso corpo físico.

Assim, somos o que pensamos, o que dizemos e sentimos. Podemos, portanto, nos construir ou nos destruir. Temos esse poder nas mãos e não sabemos dessa realidade. Em função desse desconhecimento, muitas vezes, ao invés de nos construirmos, nos destruímos. Na grande maioria das vezes estamos trabalhando contra nós mesmos.

Somos, portanto, os únicos culpados pelos acontecimentos indesejáveis que nos envolvem na vida diária e, inclusive, pelas nossas disfunções orgânicas, também conhecidas como doenças.

Somos o que pensamos, o que dizemos e sentimos. Podemos, portanto, nos construir ou nos destruir.

Para melhor esclarecer as razões que nos levam às disfunções físicas e mentais, vejamos a composição física de nosso corpo. Este é considerado um microuniverso dentro do Macro Universo. Somos considerados células do Grande Universo.

Todavia, essa célula do Grande Universo, que é o nosso corpo físico, também é composta de vidas que, igualmente, se chamam de células. Estas células compõem todos os órgãos do nosso corpo.

Imaginemos como se o nosso corpo fosse uma empresa, composta de diversos departamentos (órgãos), comandada pela sua presidência, a mente. Cada órgão é composto por milhares de células que trabalham harmoniosamente em conjunto. Mas os órgãos (departamentos), embora separados, dependem um do outro para formar o conjunto geral do corpo (empresa).

Como tudo na natureza é dinâmico, e não para em nenhum momento, a renovação é constante. Nosso corpo físico, como parte da Grande Natureza que é, acompanha esse movimento de renovação. Dessa forma, renova-se e modifica-se a cada instante que respiramos. Sabemos que a respiração é o sopro da vida, porque, ao respirarmos, estamos eliminando as células mortas e, ao inspirarmos, enchendo nossos pulmões de ar, estamos renovando nossa vida com células novas que estão entrando em substituição às velhas e mortas.

Como se pode ver, nossa vida depende de nossa respiração, inspiração em conjunto com a aspiração.

Daí surge nossa capacidade de comando sobre nosso microuniverso, o nosso corpo físico. Podemos transformá-lo segundo nossa vontade. Temos a capacidade de construí-lo e, também, de destruí-lo. É nosso o livre arbítrio para conduzir a vida.

Note-se que tudo é uma questão de escolha. Nessa escolha podemos agir livremente ou coagidos por forças exteriores, geralmente negativas, que querem nos dominar. Entretanto, tudo acontece com nossa permissão. É sempre uma questão de escolha. Como está provado, somos livres para escolher a condição de vida que quisermos levar.

É de observar-se que a vida nos oferece duas condições para o cumprimento de nossa missão sobre a Terra: uma é a condição de senhor, e a outra é a condição de escravo. O senhor manda. Tudo é comandado pelo senhor. O escravo obedece. Não há outra alternativa. Sente-se preso e subjugado por uma força que se lhe afigura superior, sendo que, na verdade, não o é.

Na realidade, todos somos iguais perante Deus e, nesse mesmo sentido, perante a Lei. Dessa forma, quando o escravo descobrir que, inconscientemente, por engano, escolheu aquela condição inferior e, imediatamente, resolver libertar-se, não haverá força que o segure.

Assim, quando descobrir que dentro dele existe uma força infinita, capaz de quebrar qualquer um dos grilhões que o acorrentam, naturalmente dará seu grito de liberdade. Considerado tal aspecto, dessa forma, liberta-se da condição de escravo e ocupa a posição de senhor, que é sua de fato e de direito, ao encontrar-se consigo mesmo, saindo do "ter" e entrando no SER.

> A vida nos oferece duas condições para o cumprimento de nossa missão sobre a Terra: uma é a condição de senhor, e a outra é a condição de escravo.

Para melhor entendimento da troca de posição de escravo para senhor, é de considerar-se que, se estamos preocupados, envoltos em sentimento de angústia, motivados por mágoas guardadas no nosso íntimo, ou se estamos alimentando um conflito íntimo sentimental, encontramo-nos na condição de escravo.

Nesse estado, cada vez que respiramos e inspiramos, as células que nos envolvem, em substituição às eliminadas pela expiração, são células conflitadas e desequilibradas. O desequilíbrio oriundo das células conflitadas reflete-se na mente, no comando central do nosso corpo físico. Daí a disfunção orgânica denominada de doença, oriunda do conflito mental, transmitindo-se para o físico.

Tais células conflitadas representam os grilhões que nos vão prendendo e apertando cada vez mais. Sentimo-nos cada vez mais subjugados à medida que vamos aceitando e acumulando mais células negativas através da inspiração. Assim, estamos aceitando a condição escravo.

Aí vem o desânimo, a incapacidade de reação àquele estado que a medicina moderna, por não admitir a influência extrafísica ou espiritual, que quase sempre envolve negativamente as pessoas fracas, dá o simplório nome de "depressão".

Realmente, é uma depressão. E o que é depressão? Depressão é o afrouxamento da pressão. É a falta de Deus, vez que Deus é pressão. Depressão é o estado de incapacidade para continuar fazendo pressão. É o desânimo, a incapacidade para continuar lutando. É o ato de entregar-se e, por conseguinte, eliminar-se. Por isso, depressão leva ao suicídio.

Não é demais lembrar-se que a depressão ocorre pelo acúmulo de células negativas que, com o decorrer do tempo, nos levam àquela já falada disfunção física, a doença. Esta poderá ser um câncer, uma cirrose, uma depressão profunda ou outra qualquer disfunção orgânica semelhante.

Ao contrário, se estamos com pensamentos positivos, vibrando em termos de saúde, de felicidade e de bem-estar, estamos nos construindo. Estamos em expressão. Estamos determinando e reconhecendo que somos senhores e não escravos. Estamos nos reencontrando, isto é, unindo o nosso ego ao nosso SUPEREGO, ou seja, o nosso eu material racional ao nosso EU DIVINO, o "EU SOU", DEUS dentro de cada um.

Para isso, há que atentar-se para a luta que existe dentro de cada um de nós, entre o positivo e o negativo, o bem e o mal, levada a efeito pelos nossos pensamentos racionais. A vitória desta luta se concretiza quando conseguirmos sair da individualidade e entrar na Unidade.

SAIR DA INDIVIDUALIDADE E ENTRAR NA UNIDADE

O que é sair da individualidade e entrar na Unidade? Sair da individualidade e entrar na Unidade é encontrar-se consigo mesmo. Encontrar-se consigo mesmo, é encontrar o EU DIVINO que está dentro de cada um de nós. Encontrar o Eu Divino que está dentro de cada um de nós é entrar em unidade com Deus. Entrar em unidade com Deus é sair do ter e entrar no SER. O SER é tudo, é o Todo, é Deus, é o Amor.

Para isso surgiram as religiões, pregando a "palavra de amor" trazida pelos Grandes Mestres. Assim, veio à Índia há mais de 5.000 anos o Mestre Krishna; nasceu na Ásia, há aproximadamente 3.000 anos, o Mestre Buda; no Ocidente, veio o Mestre Jesus Cristo há mais de 2.000 anos; e no Oriente Médio o Mestre Maomé há menos de 1.500 anos. Todos trouxeram a mesma palavra AMOR para pregar nas regiões que lhes foram determinadas por DEUS.

Dessa forma, surgiram nos quatro cantos do planeta, os Mensageiros, portadores da Luz e da Fé, trazendo a "palavra de amor" com a responsabilidade de pregá-la, cada um na região que Lhes fora determinada pelo PAI SUPREMO, DEUS, conforme foi dito.

Isto considerado, todos os credos religiosos vieram com uma única finalidade, a de religar o homem a Deus. Por isso, todos afirmam que viemos do Pai e vamos voltar para o Pai. Isto se faz sentir como verdade, porque viemos de Deus. Portanto, se viemos de Deus, naturalmente, somos parte Dele. Se somos parte Dele, somos em nossa infraestrutura uma partícula infinitesimal divina.

Essa Partícula Divina é o Eu Divino que buscamos encontrar em nós. É o nosso Cristo interno. É o EU SOU, Deus em nós. Mas, para encontrarmos nosso Cristo interno, temos que nos religar a Deus.

Daí o nome de religião a cada organização oriunda dos ensinamentos dos Grandes Mestres. Assim, ficou estabelecida a função de cada uma dessas correntes religiosas como responsáveis pela volta da Partícula Divina que está no homem a Deus. É de salientar-se, por esse lado, a utilidade das mais diversas religiões que procuram atrair para os respectivos templos (igrejas) os que precisam ser religados com Deus.

Todas as religiões são boas, de modo geral. No entanto, embora convergindo para o mesmo Deus, diferem-se em seus limitantes "ismos". Tais limitantes "ismos", quando levados ao extremo, geram guerras santas. Já vimos isso no passado, mostrado detalhadamente pela História Universal.

Em se tratando de religião, vamos falar na Religião Cristã, que é a religião mãe de quase todos nós que nascemos no Ocidente. Chama-se de religião mãe porque, ao nascermos no Ocidente, geralmente, somos batizados dentro dessa religião e adotados como cristãos.

Podemos considerar a Religião Cristã como uma grande escola que vai do curso primário até ao curso superior. E, dentro dela, temos várias correntes paralelas que se desenvolvem sempre dentro dos seus limitantes "ismos".

Assim, quem professa o catolicismo, o católico, pensa que sua religião é que é a verdadeira ou a melhor. De outra parte, quem professa o protestantismo, o protestante ou evangélico, pensa que a sua religião é que é a verdadeira, a melhor.

Dessa forma, cada um desses fiéis seguidores religiosos, sempre tropeçando na limitação dos respectivos "ismos", tenta convencer aos fiéis de outras religiões de que a deles é que é a verdadeira. Esse conflito de "ismos", no passado, já promoveu guerras e no presente continua, vez por outra, gerando desentendimentos, agora já em muito menor escala.

É de notar-se, de outra parte, que à medida que o mundo vai evoluindo e que nos vamos aproximando do final dos tempos e da tão falada separação do "joio do trigo", os "ismos" vão se amainando em função da corrente de amor que cada vez mais se espalha sobre a Terra.

Note-se que em determinados lugares já se vivenciam cultos ecumênicos, onde católicos e protestantes, ou evangélicos, ambos cristãos, homenageiam o Grande Mestre Jesus na mesma Igreja, embora em horários diferentes.

Fatos como esse comprovam que estamos, realmente, no final dos tempos, onde a força do amor vai eliminar os "ismos", limitantes desse mesmo amor, entre os irmãos da mesma crença. Assim, formar-se-á um só rebanho e um só pastor em cumprimento da missão do Grande Mestre Jesus em sua passagem pelo planeta.

Tudo isso faz parte da Grande Lei da Natureza que envolve o Macro e o microuniverso. Esta Lei determina que nada é estático e que tudo muda a cada momento. Por isso, todo o nosso sistema celular no corpo físico, o microuniverso, renova-se em cada sopro de nossa respiração. É uma mudança constante.

Igualmente, assim, ocorre no Macro Universo, o nosso planeta Terra, que também é um corpo vivo, sujeito a limpezas e transformações. Portanto, a cada respiração sua, que é cíclica, ocorrem mudanças que se fazem sentir, muitas vezes, através de catástrofes, tais como terremotos, tufões e outros acontecimentos de ordem igualmente cíclica. Tudo isso de acordo com o papel que cada ser da natureza tem a desempenhar no palco da Esfera Terrestre.

ESCOLHA DO PAPEL A DESEMPENHAR

No particular, no sentido de nos dar uma orientação segura na escolha do papel a desempenhar na longa estrada da vida, diz o Grande Mestre MEISHU-SAMA, no livro *Alicerce do Paraíso*: "**Vida é um grande teatro e nós somos os atores. Cada qual desempenha seu papel. Existem papéis de pessoas que fazem o bem e de pessoas que fazem o mal. Na realidade ninguém é totalmente bom e nem totalmente mau**".

Dessa forma, cada um de nós tem um papel a desempenhar no grande drama universal. E o desempenho do papel que nos foi determinado – por escolha nossa, diga-se de passagem – começa quando entramos no campo da razão. Ao entrar no campo da razão, o homem começa a pensar.

Com o pensamento, vem a liberdade. O livre arbítrio passa a ser a tônica preponderante de sua vida. Aí vem a escolha do papel que lhe cumpre desempenhar no palco do mundo. Todos nós temos liberdade total.

Vivemos, todavia, em uma sociedade em que estamos interligados. Na verdade, todos fazemos parte de um só conjunto denominado humanidade. O próprio nome "humanidade" determina tudo. Se decompusermos a palavra "humanidade", verificaremos que se trata, tão somente, de uma unidade. Isto mostra que, embora estejamos fisicamente separados, espiritualmente estamos ligados.

As religiões são unânimes na afirmação de que viemos do Pai e voltaremos para o Pai. O Pai é Deus. Se nós viemos de Deus, naturalmente, Dele somos parte, embora seja essa parte uma partícula infinitesimal.

Deus é eterno, não tem princípio e nem fim. Como partícula de Deus que somos, gozamos da mesma prerrogativa: também somos eternos. Corroborando essa assertiva, temos a palavra "Deus", que, se analisada, verificamos tratar-se de um conjunto de "eus" (DEUS), segundo diz a Ciência Quântica.

Assim, DEUS é a Eterna e Suprema Força, e nós, individualmente, fazemos parte Dela. Entretanto, o homem não se dá conta disso. Não sabe o poder nem a responsabilidade que tem no desempenho do seu papel neste grande drama cósmico.

Por falta de autoconhecimento de si mesmo, na maioria das vezes, passa a trabalhar contra si mesmo, trazendo dificuldades para si, para seus semelhantes e, por conseguinte, para a natureza.

Encontro do homem consigo mesmo – Aikido a arte de equilíbrio do terceiro milênio

Se observarmos o AIKIDO dentro de sua infraestrutura tridimensional (MENTE, CORPO e ESPÍRITO), veremos nele uma arte capaz de nos conduzir pelos caminhos da vida com relativa facilidade, isso se o vivenciarmos apenas em sua forma. Todavia, se o fizermos dentro de sua verdadeira essência, experimentaremos, além disso, uma vida equilibrada, em que predomina a segurança, a paz e a felicidade.

Deve-se isto aos aspectos espirituais do Aikido. Na realidade, o Aikido não é propriamente físico, e sim transcendental. É de verificar-se a veracidade de tal assertiva se atentarmos para a sua verdadeira finalidade. E qual é esta finalidade? Em resposta, diz o seu fundador, o Mestre MORIHEI UESHIBA: "**O Aikido é a arte de unificação da mente com o corpo, do homem consigo mesmo e, por conseguinte, com o Universo.**"

Acrescenta, ainda, o Mestre: "**O Aikido é a arte de não lutar**".

É de ver-se que, para unificar a mente com o corpo, é necessário sair do ter e entrar no SER. O ter é racional, é o conflito, é a luta. O SER é a transcendência, é a paz, é o equilíbrio, é o amor.

O corpo físico, segundo afirma a Ciência Quântica, é o resultado da materialização composta de pensamento, crença e emoção. O pensamento, a crença e a emoção são aspectos espirituais que nos levam à materialização de nossos desejos, cuja origem repousa na atenção e na intenção.

A atenção e a intenção dentro da unidade materializam o desejo. Se seguirmos a essencial finalidade do Aikido, todos os nossos desejos serão realizados, em qualquer aspecto e com relativa facilidade. Isto porque no Aikido está a unidade, o Um, o SER.

Para unificar a mente com o corpo, é necessário sair do "ter" e entrar no SER. O "ter" é racional, é o conflito, é a luta. O SER é a transcendência, é a paz, é o equilíbrio, é o amor.

Para ser a unidade, entretanto, temos que mudar nossa infraestrutura. Isto significa que temos que mudar interiormente. Para isso, é necessário eliminar o domínio do nosso ego, o eu individual, racional, isto é, sair da posição de escravo e assumir a posição de senhor, vez que o escravo é o dominado e o senhor é o dominador.

Assim, é de lembrar-se mais uma vez que vive na condição de escravo quem é dominado pelo seu ego, pois se encontra sempre em conflito de ordem íntima sentimental, geralmente alimentado pela inveja, pelo ciúme, pela vaidade e por outros sentimentos destrutivos de mesma natureza, tais como mágoa, vingança, etc.

Por outro lado, vive na condição de senhor quem domina seu ego. Domina seu ego quem se vence, quem se domina, quem vence a luta que trava, diariamente, dentro de si. O vencedor da luta do homem consigo mesmo, automaticamente, liga-se ao Superego, o Eu Divino, o "EU SOU". Aí, naturalmente, assume a condição de senhor. O senhor não sofre; é o dono de tudo e comanda tudo.

Domina seu ego quem se vence, quem se domina, quem vence a luta que trava, diariamente, dentro de si.

Dessa forma, podemos entrar em sintonia com o nosso Eu Superior, o Eu Divino, o Superego, que é o "EU SOU", DEUS em ação em cada um de nós e em cada ser de modo geral. Assim, estamos ligados à Lei da Unidade ou Lei da Potencialidade Pura, à Grande Lei da Natureza. Esta nos conduz ao Ser, que é o encontrar-se consigo mesmo.

E para reforçar, só poderemos alcançar o Ser através da unificação mente-corpo, que é a tônica preponderante no Aikido. Entretanto, essa união da mente com o corpo consegue-se através de um aprendizado demorado, vez que tem por base o desapego, a desindividualização que nos leva à unidade.

Para chegarmos à unidade, temos que entrar na prática repetitiva de exercícios diários. Os exercícios do Aikido, repetidos constantemente, com toda a certeza nos levarão ao campo da reflexiologia. A reflexiologia, por sua vez, nos permite a união com o oponente para podermos conduzir sua força, direcionando-a para onde for mais conveniente, dentro de um sistema automático, com o mínimo esforço.

É de ver-se que uma das características do Aikido é o mínimo esforço. "Ceder para vencer", esta é a máxima a ser seguida, e ela está alicerçada na Lei do Mínimo Esforço. Esta é a 4ª Lei Espiritual dentro do composto setenário que forma a Grande Lei da Natureza.

A propósito, acompanhando o que diz a Ciência Quântica, é de verificar-se que, muitas vezes, aquilo que chamamos de milagre nada mais é do que a atuação da Lei do Mínimo Esforço. A Lei do Mínimo esforço é o caminho natural calcado na determinação e na certeza de conseguir o objetivo almejado. Em outras palavras, é a **Fé**, a **Esperança** e a **Caridade** caminhando juntas.

A **Fé** nos coloca na ligação com o plano divino, que tudo domina. Se estivermos ligados a esse mais alto plano, através de nossa Determinação, DISCIPLINA, DEDICAÇÃO e DESPRENDIMENTO, conseguiremos tudo com o mínimo esforço.

A **Esperança** é o objetivo firmado. É o caminho que vamos percorrer, também, com DETERMINAÇÃO, DISCIPLINA, DEDICAÇÃO e DESPRENDIMENTO.

A **Caridade** é a perfeição que varre todo pensar e sentir incorreto. É a Dedicação que compõe o conjunto de pré-requisitos do Vencedor: DETERMINAÇÃO, DISCIPLINA, DEDICAÇÃO e DESPRENDIMENTO.

No particular, é de lembrar-se um ensinamento do Mestre MEISHU-SAMA, a seguir transcrito (*Alicerce do Paraíso*, vol. 4, p.39):

> ***O homem depende do seu pensamento.*** *É realmente verdade que gratidão gera gratidão e lamúria gera lamúria. Isto acontece porque o coração agradecido comunica-se com Deus e o queixoso relaciona-se com Satanás. Assim, quem vive agradecendo, torna-se feliz, quem vive se lamuriando, caminha para a infelicidade. A frase "alegrem-se que virão coisas alegres" expressa uma grande verdade.*

Esse ensinamento do Mestre Meishu-Sama mostra que, na grande maioria das vezes, o homem vive trabalhando contra si mesmo, vez que é constante vermos as pessoas se lamuriando. De outra parte, não é comum ver, ou sentir, o agradecimento nas pessoas.

Por isso, muitas vezes, ao invés de o homem utilizar-se do pensamento como uma forma segura de progresso, ele o faz justamente ao contrário: usa o próprio pensamento em seu desfavor, trabalhando contra si mesmo.

No particular, a Ciência Quântica corrobora a assertiva do Mestre Maior, Meishu-Sama, afirmando que o ser humano é um composto de pensamento, crença e emoção. Isto considerado, podemos construir ou destruir nosso corpo físico. Somos os únicos responsáveis por tudo que ocorre conosco. Não podemos culpar quem quer que seja pelo que conosco acontece.

Tudo depende de nós. Vamos dar um exemplo: se entrarmos em estado de concentração, esvaziando nossa mente de qualquer pensamento, experimentaremos um estado de equilíbrio físico/mental. Nesse estado de equilíbrio perfeito, encontraremos, consequentemente, o caminho para a solução de qualquer problema que por acaso esteja nos preocupando. Levando para a prática, o leitor pode experimentar o exercício preparatório para as afirmações já descritas anteriormente.

Note-se: as dificuldades que denominamos de problemas, na vida do ser humano, são os degraus para o seu crescimento. Não existe vida sem problema, bem como não existe escada sem degrau. A vida é uma escada evolutiva. Toda escada é composta de degraus. É galgando esses degraus que chegaremos a uma vida tranquila e equilibrada.

O degrau, muitas vezes, representa o mal. É de ver-se, daí, que o mal também é um bem. Se não fosse o mal, não existiria o bem. Trata-se de duas forças responsáveis pelo nosso progresso. Observe-se o seguinte exemplo:

> Uma lâmpada, dentro seu componente vítreo, tem um filamento positivo e um negativo. Ao ligarmos a lâmpada na corrente elétrica, imediatamente, surgirá a luz. O que é a luz? A luz é o progresso. É o encontro chocante de duas forças, a positiva e a negativa, dentro de um vácuo de vidro. Se quebrarmos o invólucro vítreo, dar-se-á a explosão, o curto-circuito, que é o choque das duas forças no ar livre.

Assim como o positivo representa o bem e o negativo representa o mal, essas duas forças iguais, ao se chocarem, são as responsáveis pelo progresso da humanidade. O homem depende, portanto, dessas forças para desenvolver-se e, consequentemente, cumprir sua missão na longa estrada da vida.

Daí a dificuldade de definir-se o que é bom e o que é mau. A propósito, é de lembrar-se o que diz o Mestre JESUS CRISTO: "**Não julgueis, para não serdes julgados**".

No particular, igualmente, é de lembrar-se o ensinamento do Mestre MEISHU-SAMA, que diz: "o **Bem e o Mal são relativos. O que, muitas vezes, parece ser bom aos olhos dos homens pode não ser bom aos olhos de DEUS e vice-versa. Por isso, não podemos julgar os atos alheios**".

Para exemplificar, diz ainda o Mestre MEISHU-SAMA:

> A vida é um grande teatro e nós somos os atores. No palco do mundo está sendo levado o grande drama cósmico e cada um tem um papel a desempenhar. Ninguém é totalmente bom e nem, tampouco, totalmente mau. Existe o papel que se mostra bom e o papel que se mostra mau.

Isso considerado, vale lembrar que temos livre arbítrio. Somos livres, portanto, para escolher o papel a ser desempenhado neste grande drama cósmico. Todavia, temos diversos caminhos que nos orientam para a melhor escolha do papel a desempenhar. Daí, chega-se à conclusão de que a prática do Aikido nos leva à escolha do melhor papel a desempenhar no palco da vida.

Mestre Martins no Dojo da ABA no Clube Cota Mil em Brasília

A prática do Aikido nos leva à escolha do melhor papel a desempenhar no palco da vida.

Vídeos históricos do Mestre Martins

Mestre Martins, em reverência, agradecendo.

REFERÊNCIAS BIBLIOGRÁFICAS

CHOPRA, Deepak. **As Sete Leis Espirituais do Sucesso: um guia prático para a realização de seus sonhos**. São Paulo: Best Seller, 2008.

GLEASON, William. **Os Fundamentos Espirituais do Aikido**. São Paulo: Pensamento, 9° edição, 2000.

MEISHU-SAMA. **Alicerce do Paraíso**. São Paulo: Igreja Messiânica Mundial do Brasil.

MEISHU-SAMA. **Os Novos Tempos.** São Paulo: Igreja Messiânica Mundial do Brasil.

PERRY, Susan. **Memórias do Grande Mestre - Ô Sensei Ueshiba**. São Paulo: Pensamento, 1987.

SAINT GERMAIN. **Livro de Ouro de Saint Germain.** Porto Alegre: Ponte para a Liberdade.

SAOTOME, Mitsugi. **O Aikido e a Harmonia da Natureza**. São Paulo: Pensamento, 2011.

UESHIBA, Kisshomaru. **Uma Vida no Aikido**. São Paulo: Pensamento, 2011.

UESHIBA, Morihei. **Ensinamentos Secretos do Aikido**. São Paulo: Cultrix, 2010.

GLOSSÁRIO

***Budô*:**	Literalmente, "conduta marcial" ou "caminho marcial". No início do século vinte, quando ficou claro que as técnicas tradicionais de batalha dos samurais não tinham mais utilidade para a guerra, o *Bujutsu* japonês (sistema com técnicas de luta) foi transformado em *Budô*, ou moderna arte marcial japonesa.
Dan:	Sistema de graduação de faixas-pretas inventado no Japão.
Dogi:	Uniforme de treinamento usado na maioria das artes marciais japonesas. Também chamado de *Keikogi* ou *gi*.
Dojo:	Literalmente, lugar do caminho. Uma academia ou escola de artes marciais japonesas.
Doshu:	É o título hereditário daquele que representa a maior autoridade na hierarquia do *Aikido*. Significa o mestre do caminho, aquele que é o mestre dos mestres.
Hakama:	Calça-saia (*baggy*), normalmente usada como parte do uniforme tradicional do *Aikido*.
Handori:	São lutas, porém em treinamento.
Hanegoshi:	Técnica de projeção de *Judô*.
Hani makikomi:	Técnica de *Judô*.
Kami:	Ser divino ou energia divina.

Kamiza:	A parte do *dojo* onde fotografias do fundador são mostradas.
Katame No Kata e Nage No Kata:	É um *kata* (conjunto de técnicas) do *Judô*, sendo *Nage No kata* a versão de solo.
Kendo:	É uma arte marcial japonesa moderna, desenvolvida a partir das técnicas tradicionais de combate com espadas dos samurais do Japão feudal, o *Kenjutsu*. O praticante de *kendo* é chamado de *kenshi* ou *kendoka*.
Ki:	Energia universal, energia vital ou força da vida.
Kototama:	Literalmente, espírito das palavras. Prática espiritual centrada nas palavras e vocalização dos sons.
Misogi:	Uma prática de purificação.
Nage:	É quem aplica a técnica.
Shodan:	Primeiro grau da faixa-preta.
Shugyo:	Treino rigoroso.
Tori:	Indivíduo que completa a técnica contra o parceiro de treino, chamado de *Ukê*. Executa uma técnica de defesa.
Ukê:	Inicia o ataque nos treinos. É quem vai receber a técnica.

DEPOIMENTOS

Dimensão deste grande Mestre

Plano físico:

Certa feita eu já estava como *shodan* (faixa preta), Mestre Martins chamou-me para uma apresentação de artes marciais na AABR (Associação Atlética do Banco Regional de Brasília) junto com seu filho Zé Luiz, à época faixa verde.

Ao chegarmos lá, não havia *tatame*... pensei e disse ao Mestre: "vai ser um fracasso nossa apresentação". Sem titubear, ele respondeu: "sem pensar, me ataque com toda a sua força!" Chutes, socos e agarramentos foram executados. Ele desviava e me jogava como se eu fosse um boneco de pano. Inexplicavelmente, eu caía no chão duro como se fosse uma pluma... Nunca fui um exímio quedista. Fomos ovacionados pelo público!

Ao final, ele mencionou sorrindo e bem suado: "é só não pensar!"

Plano mental:

Quando eu ainda estava no 6° *kyu*, segunda faixa depois da branca, saí para treinar com Sensei Martins em sua aula habitual de terça-feira às 7h da manhã no Clube Cota Mil. Caía uma chuva torrencial e ainda estava escuro devido ao horário de verão. Cheguei com 10 minutos de antecedência e ele já estava lá, prontinho de *hakama*. Me recebeu com aquele sorrisão e um enorme bom dia! Ficamos aguardando a chegada dos outros alunos... Quando deu 7h em ponto, como se já soubesse de tudo, ele declarou: "vamos começar, se somente veio você é porque esta aula será especial".

Após a abertura da aula pediu que eu me mantivesse em *seiza* (ajoelhado), que fechasse os olhos, fizesse um *mudrā* (gesto reflexológico feito com as mãos) e começou a me conduzir mentalmente através de exercícios respiratórios e mentalização. Subitamente, como um filme, observei, em uma visão de cima para baixo, meu próprio corpo ajoelhado no *dojo* (local da prática). Via e ouvia o Mestre caminhando no *tatame* de um lado para o outro em silêncio, mas o barulho das pontas de seu *hakama* arrastando no *tatame* era super sônico. Ao sinal de suas três palmas encerrou o treino. Pensei que haviam-se passado apenas cinco minutos... Relatei tudo à ele.

Encerrou dizendo: "chegue ao *samādhi* (*nirvana*, êxtase espiritual) e saia imediatamente dele".

Plano Espiritual:

Fui visitar uns parentes em Nova Xavantina, Mato Grosso, no mês de julho. Estava no primeiro *kyu* (faixa marrom), levei uma grande esteira de palha, meu *kimono* e minhas armas de madeira para continuar treinando às terças e quintas às sete horas da manhã, no mesmo horário que o Sensei sempre ministrava suas aulas.

No primeiro dia, às sete em ponto iniciei o *mokuso* (sintonização e preparação de gratidão para início da aula). Quando abri os olhos para levantar e começar o aquecimento, inexplicavelmente como num filme, vejo Mestre Martins chegando com dois senhores japoneses; um idoso e outro bem mais longevo. Sem dizer nada sorriram, iniciaram o aquecimento, realizaram uns *tai sabaki* (movimentos corporais) e depois saíram sem se despedir.

Na volta das férias comentei com ele sobre o ocorrido e ele sem se surpreender mencionou: "eu falo e uns não entendem, outros entendem e não acreditam e outros entendem e acreditam..."

Animismo de minha parte ou não, esta é a dimensão deste ser holístico e integral chamado Mestre Martins. Assim, cinco linhas para definir a dimensão do grande Mestre Martins seria como tentar definir uma simples formiga ao passo nos Andes. Impossível!

Seu espectro físico, mental e espiritual nesta vivência terrena foi ENORME!

André Boechat
Faixa-preta - 3° Dan
Profissional de Educação Física
Especializado em Personal Trainer e Grupos Especiais

Mestre Martins foi e sempre será meu único e verdadeiro mestre de Aikido. Comecei a treinar cedo com ele, um exemplo único a ser seguido, inigualável e incansável em sua luta para ajudar as pessoas a seguirem um caminho melhor na vida espiritual. Uma pessoa iluminada em seu ser, a quem devo meus mais sinceros agradecimentos.

Após a passagem do mestre para o plano espiritual, durante um treino, no momento de agradecimento e respiração, tive a permissão de uma visão dele treinando em um lugar que dificilmente conseguiria descrever. Lá, ele estava treinando Aikido com todo o vigor de seu passado contrapondo uma suavidade e leveza, com uma imagem serena, mais jovial, e emanando uma energia difícil de explicar. Esse foi um momento marcante na minha vida.

Rafael Andrade
Faixa-preta - 3° Dan
Engenheiro e empresário

Com o Mestre Martins aprendi a usar as estratégias do Aikido para lidar com situações desafiadoras no desenvolvimento pessoal e nas relações interpessoais, um vasto campo de luta interior. Percebi a profundidade espiritual que a prática possibilitava, independentemente da filosofia, tradição ou religião do praticante, somando-se a elas. Conversávamos muito sobre a projeção do *KI* (*prana*, energia vital), *JOHREI*, *YOGA*, e ele me dizia que eu tinha entendido o Aikido sem forma, só precisava aperfeiçoar a forma (e ainda preciso!). Sua atitude no *tatame* era de um verdadeiro mestre, ao mesmo tempo um pai protetor e um ser acima da limitação dos papeis sociais. Ele olhava o potencial genuíno de cada um.

Naquela época, eu costumava comentar com seu filho Zé Luiz sobre a importância de preservarmos os ensinamentos do Mestre em um livro. Com o nascimento de minha filha eu precisei deixar os treinos. Quase 20 anos depois, em um desses reencontros proporcionados pela sincronicidade da vida, soube que o livro já estava compilado, e os organizadores precisavam de uma editora. A alegria inundou meu coração, pois agora, por intermédio da Pró-Consciência, eu estava em condições de editar pessoalmente seu livro e retribuir a gentileza que o Mestre Martins havia feito quando escreveu a apresentação de um dos meus livros. São muitos acontecimentos e aspectos sutis indescritíveis que testemunhei quando treinava, e mesmo agora, durante a edição deste livro. Espero que o leitor possa tirar o máximo proveito em sua trajetória pessoal.

Lívia Borges
Psicóloga, escritora e editora

MESTRE MARTINS, UM SAMURAI DA PAZ

Conviver com Mestre Martins, ser seu discípulo, seu amigo e seu sócio, foi uma dádiva inesquecível. Sua forte compleição física e sua sensibilidade e gentileza no trato eram a clara expressão da combinação das forças Yang e Yin. Sua alegria e seu estado de bem-estar eram constantes em suas interações. Sua calma, diante de adversidades e do mau humor de outras pessoas, era a sua marca. Nada perturbava este nosso samurai, o nosso querido sensei Martins. Sua dedicação ao AIKIDO era incondicional. Era a missão que ele havia assumido para si.

Ele já era professor e faixa-preta de Judô, quando se apaixonou pela paradoxal leveza potente do AIKIDO. E, tomado por este novo amor, treinou por diversos anos em uma academia no Rio de Janeiro, até o dia em que foi transferido para Brasília.

Certa vez ele me confidenciou que o AIKIDO mudou a sua vida, tornando o antes agressivo e impetuoso competidor marcial em um artista da defesa pessoal e da integração humana, propiciada não somente pelos movimentos circulares e harmoniosos, como também pela filosofia profunda do AIKIDO. Afinal, aprender a controlar a energia KI seria um grande desafio para a vida toda.

Ele me dizia sempre que o AIKIDO é uma arte de defesa cuja potência não pode ser contida em uma competição, do mesmo modo que o samurai não pode conter sua espada depois que desfere o golpe fatal. Portanto, o Aikidoca não pode ser comparado a um atleta, mas a um guerreiro. Ele deve aprender e treinar sempre, se esmerando não apenas na habilidade dos golpes, mas também no domínio do KI, na atitude de alerta e no comportamento pacificador, para evitar o confronto físico com o oponente, pois sabe dos graves danos que poderá causar a ele.

Seguindo esta filosofia, em nossos primeiros treinos, que começava às 6 horas da manhã, no gramado de um acampamento de Bandeirantes, à beira do lago Paranoá, Nilson Ruiz e eu, nos dedicávamos intensamente a aprender a difícil e instigante arte do AIKIDO, com nosso saudoso Mestre Martins. Posso assegurar que a convivência com Mestre Martins, por meio da prática desta nobre arte marcial do AIKIDO, marcou a minha vida para sempre.

Ruy Mattos
Psicólogo Especialista em Saúde Mental

Nosso querido Mestre Martins foi um transformador de vidas com seu exemplo e ensinamentos. Impactou a vida de diversas pessoas com o Aikido e com a sua religiosidade. Com grande carinho e dedicação, sempre teve uma postura de escuta e de aconselhamento. A arte marcial unificadora nos uniu e para mim foi um segundo Pai, auxiliando na minha formação e no meu crescimento.

César Ciuffo
Faixa-preta - 3º Dan

Com o Mestre Martins eu aprendi realmente sobre o que é a essência do Aikido. O Aikido para ele e para mim é a busca pelo Ser e não pelo "ter". Quando nós, e ele me ensinou isso, treinamos o Aikido, sempre buscamos a evolução do espírito, então a forma não é importante, porque a forma está no "ter" e o Mestre Martins sempre nos ensinou a buscar o Ser, assim quando se evolui no Aikido a gente vai perceber que a forma não se torna importante, porque o que importa é o Ser, aquilo que você passa para o Universo.

Francisco Souza
Faixa-preta - 3º Dan
Procurador e advogado

Conheci Mestre Martins devido a um curso de defesa pessoal aplicado para os agentes do Tribunal. Fui o último a integrar no grupo. De cara percebi que estava lidando com uma pessoa diferente e especial. Após o curso que durou alguns meses me se ti atraído e fisgado pelo Aikido e a personalidade do Mestre. Tinha bastante experiência com outras artes marciais, judô, karatê, um pouco de jiu jitsu, muitas técnicas de defesa pessoal aplicada. Mas, a tal "magia" da arte havia me conquistado, especialmente por conta do prazer e satisfação em ter contato com pessoas tão diferentes e cativantes como o Mestre Martins.

Da nossa turma apenas eu e um colega continuamos os treinos de Aikido com o Mestre e seus alunos instrutores, mais tarde apenas eu de toda aquela turma de mais de 40 pessoas ali permanecia tentando aprender algo.

Passados algum tempo, entre altos e baixos o trabalho me envolvia cada vez mais e me prejudicava nos treinos, ficou difícil conciliar ambos e hoje entendi que passava por aquela fase meio que de transição entre de fato aceitar aquele caminho de Budô além de ter que abandonar um tanto do meu ego que trazia de outras artes marciais e da minha própria imaturidade, apesar da idade, inclusive com alguns confrontos meio que desconcertantes com o próprio Mestre e alguns de seus instrutores.

Coisa que ao final sempre meio que se equilibrava com a maneira paizão que o Mestre me tratava e eu o via às vezes como tal, pois me sentia e percebia que ele me tratava como um filho do tatame "adotado". Porém, abandonei por cerca de 5 a 6 meses os treinos. Mas ao longo desse tempo me sentia absurdamente carente das companhias dos treinos e especialmente do Mestre.

Certo dia muito angustiado de verdade e há dias pensando no Mestre com aquela pontada no coração de"'filho" fujão, pois em um daqueles confrontos teria tido um entrevero direto com o Mestre em uma aula a noite dada por um colega recém faixa preta que tinha lá suas dificuldades de repassar e comandar os praticantes e eu, na presença do Mestre que a tudo acompanhava, fiz uma intervenção um tanto quanto inapropriada somente com o intuito de ajudar, mas o modo como fiz machucou tanto o faixa preta quanto a percepção do Mestre de que eu havia ultrapassado um certo limite e esse imediatamente me reprovou e interveio com uma baita bronca na frente de todos. Fiquei extremamente chateado e reagi de modo agressivo contra o próprio Mestre, inexplicavelmente o Mestre não esticou aquela cena ou continuou com a bronca. Meu sentimento de "vítima" e de "animal ferido" e de "filho" rebelde veio à tona e o chamei de "velho", não diretamente, mas falei alto.

Porém, quando terminado o treino eu fui embora e mal falei ou cumprimentei o Mestre, com aquele sentimento de que estaria com a "razão", porém vi no olhar do Mestre uma certa tristeza semelhante àquela que um pai faz a uma malcriação em afronta a sua autoridade.

Não liguei aquela hora, pois como eu era naquela época não havia evoluído o suficiente para entender o tamanho do meu erro. Claro que mais tarde em casa me arrependi amargamente de tudo aquilo, pois fui muito desrespeitoso com ele.

Pois bem, passados alguns meses e saindo do trabalho e por dias pensando nele e com aquele sentimento de culpa ou meio que vergonha, sentia um impulso muito forte em voltar a treinar em revê-lo e usufruir mais uma vez da sua ótima companhia.

Sai convicto e decidido a passar na academia na esperança de encontrá-lo e quem sabe pedir desculpas pela ausência e, sei lá, me sentir também perdoado.

O coração tava muito, mas muito apertado e naquele impulso de afogar aquele sentimento cheguei na academia do CotaMil e no banco, pajeando o treino, como ele sempre fazia quando podia, me viu a porta abriu um sorriso se levantou e me abraçou e devagar e em bom som me disse, olhando nos meus olhos: "estava esperando você e tinha a certeza que você viria hoje". Quase fui às lágrimas e o abracei como abraçaria meu próprio pai. Prometi-lhe que não iria deixá-lo nunca mais. E desde aquele dia nunca mais deixei de treinar o seu Aikido e tudo aquilo que envolvia sua maneira e percepção acerca da realidade que envolvia o seu Aikido e toda a vez que tive a oportunidade de receber os seus ensinamentos jamais permiti que novamente eu pudesse ter a soberba de olhar para os seus ensinamentos como algo supérfluo ou desnecessário.

Percebi então, que Deus tinha tocado naquela relação de Mestre e aprendiz e que eu teria sido um dia escolhido pelo Mestre a ter mais que uma visão de alguma técnica física, posto ele se esforçou em me repassar muito mais que isto. Muitas vezes tive a honra de ouvir dele que o próprio O'Sensei Ueshiba lhe guiava para dizer algo e reforçar nossa relação e dos seus aprendizes. Gratidão eterna, Mestre! *Domo Arigarito Gozhaimashita*!!!

Mauro Magarelli Filho
Faixa-preta - 3º Dan

Mais que um depoimento é uma constatação. Na maior parte das vezes o Mestre Martins fazia os treinos parecerem uma experiência completa. Por vezes não era possível entender naquela época. Tirávamos a sorte grande quando iam poucas pessoas ao treino, digo, se estivesse apenas ele e você o treino acontecia e, mais do que isto, virava uma aula particular com uma inspiração única. Naqueles momentos conseguíamos ainda mais avançar, aprender, crescer e ser.

Paulo Santelli
Faixa-preta - 2º Dan
Administrador de empresas e agrônomo

Seus filhos *José Luíz*, *Ana Paula*, *André Luíz* e neta, *Maria Fernanda* agradecem a permissão de aprender a arte do Ser e de conviver com um verdadeiro mestre em vida. Pai amigo, companheiro, generoso e avô cuidadoso e amoroso, sua luz e sabedoria nos guiará sempre.

Seu legado é notado por seus discípulos, alunos, amigos, parentes e pessoas que tiveram a permissão de estar ao seu lado. Por um chamado da espiritualidade chegou a Brasília, onde criou suas raízes e deixou seus ensinamentos.

A família

A palavra AIKIDO em ideogramas antigos. (*Kyujitai*, caracteres antigos, são as formas tradicionais do *kanji*, caracteres chineses escritos usados em japonês.)

Tradução do *kanji* acima:

"A união do *KI* da Natureza com o *KI* do Ser Humano"

AIKIDO: A ARTE DO SER
foi composto nos dependências da editora PRÓ-CONSCIÊNCIA®,
em formato 14 x 21 cm.
Papel Avena 80g. / Gráfica Athalaia.
Brasília/DF - Brasil
VINCIT OMNIA VERITAS